기독교문서선교회(Christian Literature Center: 약칭 CLC)는 1941년 영국 콜체스터에서 켄 아담스에 의해 시작되었으며 국제 본부는 미국 필라델피아에 있습니다. 국제 CLC는 59개 나라에서 180개의 본부를 두고, 약 650여 명의 선교사들이 이동도서차량 40대를 이용하여 문서 보급에 힘쓰고 있으며 이메일 주문을 통해 130여 국으로 책을 공급하고 있습니다. 한국 CLC는 청교도적 복음주의 신학과 신앙서적을 출판하는 문서선교기관으로서, 한 영혼이라도 구원되길 소망하면서 주님이 오시는 그날까지 최선을 다할 것입니다.

삶이·예배가 되는
우리 교회 공동 기도

Common Prayer of Our Church
Written by Ahn, Sunhee
All rights reserved.
Korean Edition Copyright ⓒ 2023 by Christian Literature Center, Seoul, Korea.

삶이 예배가 되는 우리 교회 공동 기도

2023년 11월 20일 초판 발행

지 은 이 | 안선희

편　　집 | 추미현
디 자 인 | 서민정
펴 낸 곳 | (사)기독교문서선교회
등　　록 | 제16-25호(1980. 1. 18.)
주　　소 | 서울 동대문구 천호대로71길 39
전　　화 | 02-586-8761~3(본사) 031-942-8761(영업부)
팩　　스 | 02-523-0131(본사) 031-942-8763(영업부)
이 메 일 | clckor@gmail.com
홈페이지 | www.clcbook.com
송금계좌 | 기업은행 073-000308-04-020 (사)기독교문서선교회
일련번호 | 2023-109

ISBN 978-89-341-2623-2(03230)

이 책의 출판권은 (사)기독교문서선교회가 소유합니다.
신저작권법에 의하여 한국 내에서 보호를 받는 저작물이므로 무단 전재와 무단 복제를 금합니다.

삶이 예배가 되는

우리 교회 공동 기도

안 선 희 기도집

CLC

머리글

오늘 우리 그리스도인의 모습은 참으로 안타깝다. 예수님이 제시한 하나님께 이르는 길을 따라 걷는다고 하지만, 세상 속에서는 더 나은 삶의 여건에 도달하기 위해 안간힘을 쓰고 있다. 신앙은 교회에서만 통용되는 문법이라며, 일상의 삶에서는 출세와 성공의 신화를 좇는다. 신앙과 삶을 다리 놓을 때는 어렵지 않게, 신앙이란 삶의 번영을 위한 도구가 되는 것이라 굳게 믿으며 살아가고 있는 건 아닌지 모르겠다.

신앙을 삶의 번영을 위한 도구라고 여기지 않는 그리스도인의 경우에도, 하나님 앞에서 자신을 돌아보고 내면을 성찰하기보다, 또 시대의 징조를 성찰하기보다, 삶에 지쳐서 위로받기에 급급한 수동적인 신앙인이 된 것은 아닌지 묻고 싶다. 만일 그렇다면, 이제는 무엇보다도 적극적으로 그리스도인 개인과 공동체의 실존에 초점을 맞추면 좋겠다. 다른 곳을, 위를, 밖을 향하던 내 시선을 나와 우리 교회로 돌려보면 좋겠다. 나 자신과 우리 공동체를 냉정하게 꿰뚫어 보고, 성찰하면 좋겠다. 그리고 성찰을 통해 성숙해 가면 좋겠다.

여기 기도문은 교회에서뿐 아니라 일상생활 속에서도 신앙인으로 살아가기를, 하여 교회 밖에서도 삶이 예배가 되는 그리스도인으로 살아가기를 바라는 마음으로 썼다. 그래서 오늘을 살아가는 그리스도인 실존에 대한 질문과 성찰을 기도에 담았다. 일 년 열두 달, 봄, 여름, 가을, 겨울, 시간의 흐름을 예수 그리스도의 생애 주기에 따라 촘촘히 쪼개고 그 시간의 의미를 물었다. 교회력에 따라 일상에서도 시간의 흐름을 신앙적으로 의미 있게 보내고 싶었다.

여기 기도문은 이런 구도 하에 썼고, 실제로 만 5년간 초라한 골목길 작은 교회 예배당에서 한목소리로 드려진 공동 기도다. 어쩌면 이 기도문은 쇠락의 징조를 밖에서만이 아니라 교회 안에서도 심각하게 목도한 예배학도의 신앙적 몸부림이었을 수 있다. 입으로 신앙을 말하지만, 세상의 가치나 이념을 신앙으로 상대화하지 않는 그리스도인에 대한 자조로 시름했던 예배학도의 탄원이기도 하다. 또한, 교회 안에서만 통용되는 언어 때문에 오히려 교회를 떠나고 싶어 했던 청년 그리스도인들을 염두에 둔 시도이기도 하다.

기도는 대체로 보편 언어로 드려지지만, 때로는 상황에 맞는 언어로 드리게 된다. 하나님께 드리는 기도는, 함께 한목소리로 드릴 때 사람에게 울림을 전달하며 서로의 마음에 닿을 수 있다. 언제 어디서나 통용되는 보편 언어는 오류의 가능성은 작지만, 자칫 생동감과 시간성을 놓쳐서 진실한 고백도 작은 울림도 되지 못할 수 있다. 사람이 역사의 흐름 속에서 사회적 이슈를 떠나 살 수 없는 존재인 이상, 상황 언어로 기도 드릴 때, 그 의미와 진동이 내 마음에 내려 앉을 수도, 다른 사람에게 가 닿을 수도 있다. 그럴 때 기도는 하나님을 향한 진실한 고백일 수 있다.

하여 이 기도집에는 때로 사회적 사건과 역사적 기념일에 그 신앙적 의미를 묻는 기도도 담았다. 전통적인 의미의 기도 유형에 따라 본다면, 참회와 고백, 중보 그리고 탄원이 포함된 기도들이다.

우리의 다음 세대가 기도의 언어를 잃지 않는 사람으로 성숙해 가면 좋겠다. 여기에 담긴 기도들이 도움이 된다면 더 바랄 나위가 없겠다.

초라한 골목길 작은 교회가 마침내 하나님 영광을 드러내기를!

2023년 대림절을 기다리며,
안선희

순서

머리글 _ 4

1. 대림절: 그대, 무엇을 그리워하는가? _ 8

2. 성탄절: 예수 그리스도, 아무것도 아닌 자들의 희망 _ 35

3. 주현절: 어둑한 길 밝히는 등불 하나 _ 49

4. 사순절: 인간의 고통, 그리스도의 수난 _ 68

5. 부활절: 부활, 마른 가시나무에 움튼 싹 _ 123

6. 성령강림절: 피조 세계의 거룩함을 느끼며 _ 172

7. 창조절·추수감사절: 결핍의 공포를 넘어 _ 224

 1. 대림절:

그대, 무엇을 그리워하는가?

하나.

사랑이신 하나님,

저희에게 어진 마음을 주시고,
이웃과 주변을 돌아볼 수 있는 여유를 주셔서 감사합니다.
또한 저희로 사회적 책무를 깨닫게 하심도 감사드립니다.

저희로 주일예배 속에서 얻은 깨달음을
한 때 지나가는 풍경처럼 가벼이 여기지 않게 하시고
몸에 아로새기게 하소서.

함께 예배드리며 만난 교우들과 더불어
보다 나은 세상을 꿈꾸게 하시고,
서로를 의지하고 격려하는 좋은 공동체가 되게 하소서.

이 공동체가
여러 가지 이유로 나락으로 떨어져 가는 이웃들을 건져 올리는
그물이 되게 하시고,
세상을 살만한 곳으로 만드는 데 힘을 보태는
견고한 보루가 되게 하소서.

한 겨울 모든 잎을 떨구고 자신을 비운 나무들처럼
하늘을 향해 곧게 서서
도움을 필요로 하는 이웃들을 위한
든든한 버팀목이 되게 하소서.

성탄절을 기다리며,
그리워할 것을 그리워하는 저희가 되게 하시고,
헛된 그리움을 거두어들일 수 있는 신앙의 용기도 허락하소서.

낮은 곳으로 임하시는 예수님 이름으로 기도드립니다. 아멘.

둘.

사랑이신 하나님,

하나님이 사람 되어 오시는 거룩한 절기를
맞게 하시니 감사합니다.

세상 살아갈 궁리로 분주하기만 한 저희로
하나님을 예배하게 하시니 참 감사합니다.

하나님을 예배하면서
인간이 한낱 그림자 같은 존재임을 깨닫게 하소서.

인간이 끝을 알 수 없는 역사의 한 점임을
깨달아 알게 하소서.

예측할 수 없는 삶의 여정동안
삶이 영원하리라는 착각에 빠지지 않게 하시고,
소유와 공명심, 사심과 의로움, 그 어떠한 것에도
집착하지 않는 빈 마음 되게 하소서.

저희에게 오시는 희망둥이 아기 예수님을
뉠 수 있는 빈 구유 되게 하소서.

역사의 주인이신 하나님,
낡은 체제에 대한 염증으로
진저리 치는 저희를 치유하소서.

해 아래 새것이 없다지만
이번에는 새 부대에 새 포도주 담아 주소서.

예수 그리스도 이름으로 기도드립니다. 아멘.

셋.

빛이신 하나님,

한 해의 끝자락,
멀리서 오고 계신 당신을 기다립니다.
어둔 터널 가운데 보일 듯 말 듯한 빛을 목말라합니다.

시름에 둘러싸인 저희를 견디게 하신 은혜에 감사합니다.
분노에 들끓는 저희를 하나되게 하신 능력에 감사합니다.
두려움에 주저하는 저희를 용기 있게 하신 사랑에 감사합니다.
하늘로부터 내려와 저희를 감싸 주신 평안에 감사합니다.

올 한 해 봄, 여름, 가을, 겨울을
주님과 함께 지내게 해 주신 것,
참 감사합니다.

봄의 따사로움과 꽃샘추위도 감사합니다.
여름의 싱그러움과 찌는 듯한 더위도 감사합니다.
가을의 풍성함과 대자연의 쓸쓸한 상실도 감사합니다.
겨울의 얼어붙음과 생명의 깊은 잠도 감사합니다.

인생의 아침을 사는 이, 한낮을 사는 이, 저녁을 사는 이
이들이 함께 모여 있는 이 교회에서
서로를 거울로 여기게 하소서.

이들이 함께 모여 드리는 이 예배에
주님을 향한 감사와 찬미만 넘치게 하소서.

예수 그리스도 이름으로 기도드립니다. 아멘.

넷.

세상을 구원하시려 아들을 보내 주신 하나님,

예수님을 주님으로 고백하면서도
늘 나약하게 살아가는 저희를 불러 주시니 감사합니다.

오늘 예배에서 말씀으로 용기 얻게 하시고,
성찬으로 하나님의 사랑 깨닫게 하소서.

생활 가운데 보이지 않게 저희를 어루만지시는
하나님의 손길을 느낄 수 있는
신앙적 감수성 갖추게 하소서.

예민한 눈과 밝은 귀를 허락하시어
평범한 일상에 찾아오시는
아기 예수님 만나게 하소서.

설레는 마음으로 거리를 헤매는 저희에게
문득 다가와 주소서.

'아! 오늘, 아기 예수님이 내게 오셨다.'
깨닫고 기뻐하는 저희 되게 하소서.

예수 그리스도 이름으로 기도드립니다. 아멘.

다섯.

사랑이신 하나님,

12월 첫 주, 한 해의 마지막 달에 주님 앞에 섭니다.
교회의 새해 첫 시간에 주님 앞에 머리를 숙입니다.

처음과 마지막이신 하나님 앞에
예배하는 인생을 살게 하신 은혜에 감사합니다.

스스로가 숭배의 대상이 되지 않도록
저희를 예배자로 부르신 은혜도 감사합니다.

하나님과 교회, 세상 앞에 겸손한 존재로 살도록
삶의 등불 밝혀 주심도 감사합니다.

저희를 향해 오고 계신 하나님,
세상 빛이 희미할수록,
내 안의 빛이 가물거릴수록
오고 계신 주님을 기다리고 또 기다립니다.

우리 주님, 오소서.
어서 오소서.

꺼져가는 세상의 빛 다시 밝히러,
희미해진 내 안의 빛 환히 밝히러,
어두워진 교회 안에 희망의 불 다시 밝히러
어서 오소서.

간절히 기다리는 저희 가운데 어서 빨리 오소서.

그리스도 예수님 이름으로 기도드립니다. 아멘.

여섯.

사랑이신 하나님,

하나님이 사람이 되어 오시는 성탄절을 눈앞에 두고
한 자리에 모여 예배드리게 하신 은혜 참 감사합니다.

저희는 배울 만큼 배웠고,
일용할 양식을 얻을 만큼 돈을 벌며 살아갑니다.

가치에 대한 추구가 남다르다며 도덕적 우월감에 젖어 살아갑니다.
그래서 하나님과 사람들 앞에서 낮아지지 못하고 있습니다.

때로 누군가가 저희를 비판하면
자존심이 상해서 화를 내며 어쩔 줄 몰라합니다.

하나님 앞에서 늘 부족한 존재임을
고백하지 못하는 저희를 불쌍히 여기소서.

나 자신을 부족한 존재로 고백하지 못하는 저희는
실로 부서지기 쉬운 나약한 존재가 아닙니까.

"아, 나는 비참한 사람입니다"라는 바울 사도의 한탄이
저희의 고백이 아닙니까.

자비이신 주님,

저희를 불쌍히 여겨 주소서.
저희 가운데 오셔서
저희로 주님 앞에서 얼마나 부족한 존재인지 알게 하소서.

연약한 저희에게 참 희망이 되어 주소서.
주님을 통해 저희로 참 인간이 되게 하소서.

그리스도 예수님 이름으로 기도드립니다. 아멘.

일곱.

사랑이신 하나님,

낮은 곳에 오신 예수님 따라
초라한 예배당으로 인도하셔서 감사합니다.

이곳에서 인간이 되신 하나님을 만나고
나의 인간됨을 훈련하게 하소서.

올 한 해 때로 몸과 마음이 아플 때도 있었습니다.
원망과 분노로 가득 찼던 시간도 있었습니다.
출구가 보이지 않는 절망으로 눈앞이 캄캄한 적도 있었습니다.
감사와 찬양이 지속되지 않았던 순간도 있었습니다.

하지만 올해 마지막 달,
이 모든 것에도 불구하고
하나님께 감사와 영광을 돌리게 하소서.

영원하신 하나님,

인생이 한낱 지나가는 그림자임을 고백하게 하소서.
나의 존재가 죽음과 더불어 세상에 나오고,
허락된 연수를 다하기도 전에
풀의 꽃과 같이 시들어 간 뒤
먼지처럼 사라져 버림을 깨달아 알게 하소서.

덧없는 인생, 두 번 없는 인생
의미 있게 살아가게 하소서.

영원하신 하나님에 잇대어 살게 하소서.
사랑이신 하나님에 잇대어 살게 하소서.

예수 그리스도 이름으로 기도드립니다. 아멘.

여덟.

사랑이신 하나님,

사람이 되어 저희 가운데 오시는 주님을 기다립니다.

이전에 오셨던 주님은 지금 저희를 향해 오고 계십니다.
처음에 오셨던 주님을 기억하고,
오고 계신 주님을 기대하며,
마침내 마주할 주님을 기다립니다.

한 해의 마지막 달,
분주하고 각박한 일상을 살아가는 저희에게
더욱 간절한 기다림을 허락하소서.

이 기다림을 통해 싸늘한 삶에 온기가 전해지며
고단한 인생길에 숨 쉴 틈이 열리게 하소서.

저희로 기다림조차 빼앗긴 사람들을 기억하고 위로하게 하소서.

그리스도 예수님 이름으로 기도드립니다. 아멘.

아홉.

세상 만물을 지으시고 섭리하시는 하나님,

유한한 저희 존재의 근원은 당신께 속해 있음을 고백합니다.
지난 한 주간도 삶을 허락하시고, 인도하여 주심에
감사와 찬양을 돌립니다.

대림절 절기를 살아가는 저희들,
당신의 부르심에 응답하여,
예수 그리스도의 다시 오심을 고대하며 이 자리에 모였습니다.

"깨어 있으라 어느 날에 너희 주가 임할는지 알지 못한다."
경고하신 주님의 말씀 기억할 때,
주님께서 지금 오신다면,
하나님 나라의 일꾼으로 열심히 잘하였다는
칭찬을 받을 수 있을지 되돌아봅니다.

저희의 삶이 하나님 나라를 미리 맛본 사람들의 모습인지
스스로 묻게 하시고,
다시 한번 하나님께로 삶의 방향을 돌이키게 하소서.

그리스도인의 겸손을 가장하였으나
오만과 편견으로 가득찬 삶을 산 것은 아닌지 회개하게 하시고,
겉모습은 선한 그리스도인이지만,
속사람은 자기 의에 사무치는 삶을 사는 것은 아닌지 근신하게 하소서.

대림절을 맞이하는 저희들,
예수 그리스도의 오심을 고대하면서,
근신하고 참회하는 마음으로 예배하게 하시고,
종국에는 모든 어둠을 뚫고 우리 주님께서 빛으로 오신다는
희망 속에 예배하게 하소서.

성령으로 임재하여 주셔서
오늘 저희의 예배를 기뻐 받아 주시고,
예배드리는 모든 이들이 주님의 말씀에 참여할 때에
비밀스러운 삶의 진리를 다시금
온몸과 온 맘으로 깨닫게 하소서.

예수 그리스도 이름으로 기도드립니다. 아멘

열.

사랑과 은총이 가득하신 하나님,

주님 앞에서 저희는 한낱 헛것 같고
지나가는 그림자 같음을 고백합니다.
부족한 저희들에게
지난 한 주간도 삶을 허락하셔서 참 감사합니다.

하나님의 아들이 인간이 되어 오시는
거룩하고 신비로운 대림절 넷째 주일에
당신의 부르심에 응답하여, 한 자리에 모였습니다.

불의와 분쟁이 가득한 어둠 깊은 세상 속에
빛이신 예수님의 오심을 기억합니다.
높고 화려한 곳, 강하고 권세 있는 자리가 아니라
비천하고 비루한 곳에 스스로를 낮추어 오시는 주님,
저희로 그 거룩한 탄생을 통하여
하나님의 사랑과 구원의 신비 알게 하소서.

때로 교만하여 물질적 풍요와 힘 있음을 동경하고 자랑하는 저희들,
누추한 마굿간, 말구유에 나신 예수 그리스도를 기억하면서
다시금 저희 삶의 방향을 바로잡게 하소서.

성령으로 임재하여 주셔서
오늘 하나님을 향하여 마음을 모아
성탄을 감사하고, 기뻐하며 맞이하는 저희의 예배를 받아 주시고,

예배드리는 모든 하나님의 사람들이
주님의 말씀에 참여할 때에
오늘 여기에 주시는 하나님의 뜻을 분별하게 하소서.

저희로
욕망의 충족이 구원인줄로만 착각하는
천박한 이 땅에서
다시 오시는 그리스도의 길을 예비하는
배고픈 구원의 산파 노릇에 충실하게 하소서.

평화의 주인으로 오시는 예수 그리스도의 이름으로 기도드립니다.
아멘.

열하나.

사랑이신 하나님,

일주일을 어찌 보냈는지 모르게
시간은 쏜살입니다.

어김없이 교회의 새해, 대림절을 맞아
저희 신앙을 되돌아보도록 인도하신 은혜 감사합니다.

탄탄대로를 열어 달라고 하나님께 청을 올리지만
저희 인생길은 가파른 산, 출렁이는 구름다리입니다.

걸음을 옮길 때마다 존재의 밑바닥까지 일렁이는 저희는
불안한 존재가 아닙니까.
불안이 우는 사자처럼 엄습해 올 때면
두려움에 짓눌려
주님이 평강의 왕으로 세상에 오셨다는 것을 잊고 맙니다.

저희를 불쌍히 여기소서.

저희로 역사 속에 오셨던 그리스도를 기억하게 하소서.
그 기억의 힘으로 두려움과 불안을 지배하게 하소서.

저희로 다시 오실 그리스도 기다리게 하소서.
평안이신 그리스도 선취하게 하소서.

마침내 출렁이는 다리 위에서도
감히 생각하지 못했던 온전한 평안 누리게 하소서.

마라나타! 주여 어서 오소서.
그리스도여, 저희에게 평안으로 오소서.

그리스도 예수님 이름으로 기도드립니다. 아멘.

열둘.

사랑이신 하나님,

쓸쓸하고 쌀쌀한 거리
삭막하고 황량한 계절에
하나님이 사람 되어 오시는 신비를
마음에 품게 하시니 감사합니다.

밖은 차가우나 저희 가운데 따스함이 번집니다.
온기로 오시는 하나님, 참 감사합니다.

세상살이는 봄 여름 가을 겨울,
일 년 열두 달 쉽지 않고,
겨우살이는 더 고단합니다.

인생의 겨울을 견디고 버티기 위해
수다한 준비가 필요하지만 손에 쥔 것 없습니다.

잘못 살아온 것은 아닌지 묻고 또 물으니
몸은 고되고, 마음은 불편하기만 합니다.

모두 저마다 살기 바빠서, 저마다 움츠러들어서
아무도 위로의 말을 건네지 않습니다.

저희를 불쌍히 여기소서.

'괜찮다, 애썼다, 수고했다' 위로하여 주소서.
마침내 이 땅에 도래하실 그리스도가 주실
완전한 평안과 위로 미리 맛보게 하소서.

저희도 이웃 손잡아 주며
'괜찮다, 애썼다, 수고했다' 위로하게 하소서.

멀리서 오고 계신 주님을 기다리며
주님을 향하여, 이웃을 향하여 한걸음 성큼 다가가는
평안한 위로자 되게 하소서.

그리스도 예수님 이름으로 기도드립니다. 아멘.

열셋.

사랑이신 하나님,

차가운 계절을 살게 하시니 감사합니다.
온기의 고마움을 알게 하시고 그리워하게 하시니
참 감사합니다.

때로는 냉기 가운데 오셔서
무뎌진 저희 인식을 일깨워 주소서.

저희 삶의 환경은 이전보다
더 따뜻하고 편리하며 넉넉해진 것이 분명하지만,
이웃을 대하는 저희 태도는
더 차갑고 불편하며 인색하기만 합니다.

하나님 나라 일꾼으로 살겠다 다짐하지만,
적당히 타협하려는 자신과의 싸움,
연대하기 힘든 동료와의 갈등,
불의한 제도와의 지리한 싸움에 지쳐
속울음을 삼키고 있습니다.

안간힘을 써보지만
바닥까지 긁어 써 버린 삶의 에너지는
고갈된 지 이미 오래입니다.
그저 습관에 따라 일상을 살고
관성에 이끌려 의무를 수행할 뿐입니다.

탈진할 대로 탈진해 버린 저희 불쌍히 여기소서.
생기 있는 순간을 살며
탄력 있는 한 걸음 내딛고 싶습니다.
힘없이 살아가는 저희 구하여 주소서.

오실 그리스도의 힘에 기대어 살게 하소서.

그리스도 예수님 이름으로 기도드립니다. 아멘.

열넷.

사랑이신 하나님,

대낮에도 어둑한 하늘 아래
빛을 바라며 모인 저희를 축복하소서.

화려한 불빛은 사람을 모으지만
어쩐지 그곳에선 만족을 모르겠습니다.

겉만 번드르르한 것은 아닌지,
반짝이는 표면이 내적 어둠을
가장하기 위한 것은 아닌지 묻게 됩니다.

그곳에선 내면 깊은 곳까지 스미는 빛을
만날 수 없었습니다.

그럼에도 때로 화려한 불빛 곁에 선 저희가
빛바랜 듯 초라하게 느껴지기도 합니다.
저희를 불쌍히 여기소서.

오직 그리스도만이 참빛이심을 고백하게 하소서.

참빛이신 하나님,
깊은 어둠에서 저희를 건져 주소서.

어둑해진 저희 존재가 빛날 수 있도록
저희 내면을 밝혀 주소서.

참빛이신 주님을 저희 안에
온전히 받아들이게 하소서.

주여, 어둔 세상에 어서 오소서.
저희 존재 깊은 곳에 빛으로 오소서.

그리스도 예수님 이름으로 기도드립니다. 아멘.

2. 성탄절:

예수 그리스도, 아무것도 아닌 자들의 희망

하나.

사랑이신 하나님,

불안한 저희에게 평안 주시려고
아기 예수님 보내 주셔서 감사합니다.

고달픈 저희를 위로해 주시려고
아기 예수님 보내 주셔서 감사합니다.

탈진한 저희에게 새 힘 주시고자
아기 예수님 보내 주셔서 감사합니다.

어둔 세상, 캄캄한 심정 밝혀 주시려고
아기 예수님 보내 주셔서 감사합니다.

예수님 통해 하나님 나라를 저희에게 보여 주신 은혜 감사합니다.
저희 향한 하나님의 사랑과 은혜에 감사와 찬송과 영광을 돌립니다.

이제 다시금, 오신 예수님과 더불어
저희 삶의 기준 반듯하게 세우게 하소서.

세상의 기준에 기울지 않고 중심 잡고 살게 하소서.
예수님의 지상에서의 삶의 자취 따르게 하소서.

가난하고 차별받고 절망한 하나님의 자녀 일으켜 세우게 하소서.
버려진 존재들을 기억하고 중심에 불러내게 하소서.

불의와 타협하지 않게 하시고
정의를 세우는 데 힘을 보태게 하소서.

낮은 곳에 오신 예수님 따라
삶의 하방성(下方性)을 고민하는 저희 되게 하소서.
사랑은 더 낮은 곳에 머무는 것임을 보여 주신 예수님 따라
낮은 곳에서 몸을 낮추어 사랑할 줄 아는 저희 되게 하소서.

말구유에 누이신 아기 예수님 이름으로 기도드립니다. 아멘.

둘.

사랑이신 하나님,

하나님이 사람 되어 저희 가운데 오심을 감사드립니다.
예수님 따라 저희도 사람 되게 하소서.

올 한 해 동안 저희 사람됨은 얼마나 깊어졌는지
되돌아봅니다.

저희 안에 있는 티끌 만한 장점을 부풀리며 위안 삼고,
단점은 마주하기 어려워 슬쩍 눈감았던 것은 아닌지
되돌아봅니다.

자기를 합리화하는 데는 유능하면서도
이웃의 티끌은 거슬리고,
스스로에 대해서는 한 없이 너그럽지만,
이웃에 대한 질타는 가혹했던 것이 아닌지 되돌아봅니다.

자비이신 하나님,

모나고 모자란 저희를 깎고 갈고 다듬어 주소서.

자기 내면을 투명하게 들여다보게 하시고
스스로 알게 된 자신의 단점과 과감히 결별하게 하소서.

이 과정을 통해 저희 내면이 더욱 단단해지게 하시며
저희 믿음이 좌고우면 않는 곧은 믿음 되게 하소서.

하나님이 사람 되신 은혜를 기억하며
저희도 저희가 꿈꾸는 그런 사람 되게 하소서.

그리스도 예수님 이름으로 기도드립니다. 아멘.

셋.

사랑이신 하나님,

한 해의 끝자락에서
시간의 유한함을 마주하게 하시니 감사합니다.

피조물인 저희로 삶의 유한함과 인생의 마지막을
생각하게 하심도 감사합니다.

이 시간 저희가 마주하는 죽음의 현실에 대해
진지하게 묵상하게 하소서.

죽음이 헤어짐을 유발하는 절망과 비통만이 아니라
삶의 완성이고 하나님과 대면하기 위한 통로임을
깨닫게 하소서.

삶과 죽음이 서로를 보완해 주는 의미 체계임을
깨달아 알게 하소서.

'죽음을 내 눈앞에 환히 두라'는 수도승의 가르침에서*
삶의 진실을 배우게 하소서.
죽음을 성찰할수록 값진 인생을 살게 되는 신비를
경험하게 하소서.

* 베네딕도 수도 규칙 4:47.

순간 가운데 영원을 사는 신비한 역설 맛보게 하소서.
영원하신 하나님께 유한한 저희를 맡기게 하소서.

그리스도 예수님 이름으로 기도드립니다. 아멘.

넷.

처음과 마지막이신 하나님,

한 해의 마지막 주일도
하나님 앞에 머리 숙일 수 있게 하시니 감사합니다.

한 해 동안 사건 사고가 많았고,
마음 아픈 일도 많았습니다.

그런 가운데서도 저희와 동행해 주신 것 감사드립니다.
함께 예배드리는 공동체를 허락해 주심도 감사합니다.
작은 예배 공동체이지만 살림을 꾸리면서
모자라지도 남지도 않게 해 주시니
이 또한 감사를 드립니다.

구성원들의 수고로 밥상에 둘러앉아
따뜻한 밥을 나눌 수 있음도 감사합니다.

저희 교회가 건강한 신앙 공동체 되게 하시고,
누구나 문턱을 넘을 수 있는 개방적인 교회 되게 하소서.

늘 자신의 부족함을 되돌아볼 수 있는
겸손한 신앙 공동체 되게 하시며,
하나님을 향해 한 걸음 더 나아가는 교회 되게 하소서.

교회 식구 각자가 남의 인정을 갈망하는
허탈한 존재 되지 않게 하시고,
세상 주인이신 하나님의 자녀답게
자기다움에 만족하는 신앙인 되게 하소서.

홀로 있음을 두려워 말게 하시며,
혼자이기에 더 충만한 하나님의 사람 되게 하소서.

그리스도 예수님 이름으로 기도드립니다. 아멘.

다섯.

사랑이신 하나님,

새로운 시간을 허락하시니 참 감사합니다.
모자란 저희로 하나님을 찬송케 하신 은혜에 감사드립니다.

어제와 달라진 것 없는 햇살아래 또 한 해를 시작하지만
하나님을 향한 저희 마음과 영혼은 사뭇 달라지고 싶습니다.

이웃을 향한 저희 눈길과 손길도 달라지고 싶습니다.
교회를 향한 저희 발길도 이전과는 달라지고 싶습니다.

나날이 하나님을 더 목말라하게 하소서.
이웃을 더 따뜻하게 품게 하소서.
교회를 더욱 진심으로 섬기게 하소서.

진리이신 하나님,

저희 교회로
매 순간 모든 일에 정성을 다하게 하소서.
참된 신앙에 대한 꺼지지 않는 열망을 지니게 하소서.
성숙한 인간됨의 노력을 멈추지 않게 하소서.
삶의 자리를 변혁할 수 있는 굳센 영성 공동체 되게 하소서.

처음과 마지막을 주관하시는 하나님께서
이제와 항상, 또 영원히 저희를 지켜 주소서.

예수 그리스도 이름으로 기도드립니다. 아멘

여섯.

〈신년예배 다짐의 기도〉

사랑이신 하나님,

세상에 여러 가지 이유로 상처 입은 사람들이 많습니다.
마음이 여리고, 몸이 아픈 저들을 치유하여 주소서.
저희로 그들과 하늘 가족이 되게 하시고,
그들을 따뜻하게 보살피게 하소서.

평화의 왕이신 하나님,

세계 곳곳에서 분열과 싸움의 소리 들려옵니다.
올 한 해 전쟁의 소문은 온데간데 없어지고
오직 하늘로부터 내리는 평화만이
이 땅에 가득하게 하소서.
저희를 평화의 도구로 써 주소서.

생명의 주인이신 하나님,

피폐한 이 땅을 고쳐 주소서.
저희로 피조 세계의 주인은 하나님이심을 기억하게 하소서.
저희 자신의 불편함을 무릅쓰면서,
저희에게 맡겨 주신 사람과 자연을
지키고 살리는 일에 참여하게 하소서.

의로우신 하나님,

세상은 여전히 공평과 정의에 목말라합니다.
보다 더 공평하고, 보다 더 정의로운 세상을 갈망합니다.
친히 오셔서, 의에 주리고 목마른 사람들을 구원하시고,
저희로 그들과 힘을 합하게 하소서.

오직 한분이신 하나님,

예수 그리스도의 이름으로 세워진
세상의 모든 교회를 위해 기도합니다.
저희로 하나의 거룩한 교회를 이루는 지체로서
신앙과 삶에서 교회의 하나됨을 위해 노력하게 하소서.

자비로우신 하나님,

가난한 이와 부유한 이의 삶의 질은 차이가 무척 큽니다.
일자리를 원하지만, 일할 수 없는 사람도 많습니다.
가난한 이에게
물질적인 궁핍으로 삶이 왜곡되지 않도록
그들의 필요를 채워 주시고,
일자리를 찾는 이에게
일하는 보람과 기쁨도 맛보게 하소서.
부유한 이들은 더욱 너그러워져서
저희로 어려운 이들의 돕는 손길이 되게 하소서.

도우시는 하나님,

세상에는 도움의 손길이 필요한 곳이 무척 많이 있습니다.
저희로 도움이 필요한 곳을 찾아 관심을 기울이게 하시고,
물질만이 아니라 시간과 노동력을
하나님 앞에 기꺼이 봉헌하는
섬김과 봉사의 삶을 살게 하소서.

저희 교회가 뜨거운 사랑의 공동체가 되게 하소서.
말뿐인 사랑이 아니라,
사랑으로 끝까지 책임지는 공동체가 되게 하소서.
사랑의 교제로 인하여
저희 교회 하늘 가족의 삶이 더욱 기쁘고, 윤기 나게 하소서.

세상에 많은 교회가 있지만,
우리 교회가 참 교회다운 신앙 공동체가 되게 하소서.
기도의 줄이 끊어지지 않게 하시고,
찬송의 기쁨이 새로워지는 공동체가 되게 하소서.
이곳에서 깨달은 대로
참 제자의 삶을 실천하게 하소서.

저희 교회가 성숙한 인간,
참 신앙인을 양육하는 교육 공동체가 되게 하소서.
우리 교회에서 태어나고 자라나는 아기부터, 어린이,
우리 교회의 기둥 같은 청소년, 청년, 장년에 이르기까지

하나님의 뜻을 세상에 실현할 수 있는
인간됨을 회복하는 인간,
신실하고 성숙한 그리스도인으로 양육하게 하소서.

올 한 해 우리 교회가 신령과 진정으로 예배하는
참 예배 공동체가 되게 하소서.
박해의 어려움 속에서도
예배 생활을 게을리하지 않았던 초대 교회 신앙인들을 본받고,
말씀에 충실한 종교개혁 전통을 이어받아
온몸과 온 맘으로 예배드리게 하소서.
함께 모여 드리는 공 예배와
또한 흩어져서 살아가는 일상생활이
하나님 앞에 바치는 거룩한 산제사가 되게 하소서.

저희 교회로
지역 사회를 위하여, 지역 사회를 통하여, 지역 사회와 더불어
하나님의 일을 하는 선교 공동체가 되게 하소서.
저희들, 어디든 세상의 더 낮은 곳,
더 소외된 곳,
더 메마른 곳에 머물게 하시고,
세상의 어둡고 후미진 곳을 밝히는
은은한 빛으로 살게 하소서.

예수 그리스도 이름으로 기도드립니다. 아멘.

# 3. 주현절:

어둑한 길 밝히는 등불 하나

하나.

빛이신 하나님,

새로운 주일을 맞게 하시니 감사합니다.

하나님의 의로운 빛으로
저희 마음속 어둠을 물리쳐 주시고,
저희 사회 속 썩고 병든 부분을 드러내게 하소서.

하나님 치유의 강력한 빛으로
상처받은 영혼을 낫게 하시고,
병든 제도와 불의한 체제를 고쳐 주소서.

저희를 주님의 치유의 도구로 써 주소서.
저희로 빛의 증인으로 살게 하소서.

공적인 영역에서 일할 때
더 반듯하고 더 올곧고 더 치밀하게 하시며,

이웃을 대할 때
덜 옹졸하고 덜 태만하고 덜 계산하게 하소서.

나 자신을 대할 때
하나님의 사랑받는 존재로 귀히 여기게 하시고,
하나님 앞에 선 단독자로 성찰하게 하소서.

하루하루 쌓아 가는 정성스런 삶 위에
하늘의 평안을 선물로 주시고,
사랑과 물질을 이웃과 나누는 넉넉한 삶 위에
감사가 넘쳐 나게 하소서.

가만히 있어도 향내 나는 신앙인 되게 하소서.

빛으로 오신 예수 그리스도 이름으로 기도드립니다. 아멘.

둘.

사랑의 하나님,

한 주간 동안 지켜 주셔서 감사합니다.

한겨울의 매서운 추위를 견디게 하시고,
탈 없이 다시 모여 예배드리게 하시니 참 감사합니다.

화재로 목숨을 잃은 사람들을 하나님 품에 안아 주시고,
남겨진 사람들의 허탈한 심정 어루만져 주소서.

은총의 하나님,

저희는 때로 세상에서 혼자인 듯 느껴질 때가 있습니다.
친구도 가족도 저희의 외로운 심정을 몰라 주는 것만 같습니다.
저희로 외로움을 견뎌 낼 수 있는 힘을 부어 주소서.
외로움을 벗 삼아 살아가게 하소서.
외로울 때가 하나님을 만날 때라 여기게 하소서.
나 자신과 대면할 기회라 여기게 하소서.

외로울 때 다른 방식으로 느낄 수 있는 감수성과
있는 그대로 바라볼 수 있는 능력을 기르게 하소서.

타인을 이해하려는 애정 어린 눈과
정성스런 관찰력을 키우게 하소서.

외로움을 통해 나를 타인의 눈으로 바라보며
성찰의 깊이를 더하게 하소서.
외로움이 하나님께서 참 사람 되라고 주신 기회임을
깨달아 알게 하소서.

그리스도 예수님 이름으로 기도드립니다. 아멘.

셋.

빛이신 하나님,

저희 가운데 오셔서 저희를 밝혀 주시니 참 감사합니다.
올 한 해 강렬하지도 화려하지도 않은,
은은히 빛나는 존재로 제자리를 지키게 하소서.

저희 머무는 자리가 꽃자리임을 고백하며
주변 어둠을 밝히는 잔잔한 빛으로 살게 하소서.

새해를 맞아 새로운 시작의 계기를 주신 하나님께
감사와 영광을 돌립니다.

올해에는 한때 소망했으나 절망 후 잊어버린 꿈을
다시 품고 싶습니다.

올해에는 그사이 망쳐버린 인간 관계도
다시 이어가고 싶습니다.

올해에는 저희가 바라던 스스로 좋은 사람이
되고 싶다는 열망도 회복하고 싶습니다.

올해에는 머릿속의 개념으로만 떠돌던 정의와 평화,
평등의 이상을 저희 일상에서 실현하고 싶습니다.

길다면 길게, 짧다면 짧게 살아온 인생을 아쉬워하고
후회하기보다는 지금 여기서 다시 시작하게 하소서.

사랑이신 하나님,

많은 소망에도 불구하고 미적거리는 저희 불쌍히 여기소서.
자신 없어 하는 저희에게 용기를 주소서.
저희에게 감히 생각하지 못한 힘을 내려 주소서.

그리스도 예수님 이름으로 기도드립니다. 아멘.

넷.

빛이신 하나님,

어둑하여 갈 길 모르는 저희 발 앞에
스스로 등불이 되어 주셔서 감사합니다.
그 빛을 따라 살게 하시고
점점 더 빛 가운데로 나아가게 하소서.

사랑이신 하나님,

저희는 먹고사는 일에 분주하여
참으로 사는 게 무엇인지 잊고 지냈습니다.

지금 여기가 중요하다기에 지금 여기에만 집착하며
인생을 긴 안목에서 보지 못했습니다.

합리적 판단 능력을 갖추려다가
차가운 이성에만 매몰되어 꿈도 품지 못했습니다.

저희를 불쌍히 여기소서.

꿈을 꾸지 않은지 오래되었으며
환상은 비현실로 치부해 버렸습니다.

하나님 나라에 대한 이상과 더불어
멋진 자신에 대한 환상도 잊어버렸습니다.

소망이신 하나님,

저희로 꿈꾸게 하소서.
저희가 그리는 머릿속 그림이
삭막한 현실을 살아가는 원동력 되게 하소서.
감히 생각하지 못했던 인생 살아가게 하소서.

그리스도 예수님 이름으로 기도드립니다. 아멘.

다섯.

사랑이신 하나님,

맹추위가 없는 겨울은 반갑지만 내심 걱정입니다.
저희가 맘껏 누린 이 세상을 후대도 누리게 하고 싶습니다.
지구의 열병을 멈추기 위해 작은 불편함 감내하게 하소서.

어김없이 주일예배로 부르신 은혜 감사합니다.
일주일에 한 번은 나 아닌 존재 앞에서 겸손하게 하소서.
나 아닌 타자에 눈을 돌리게 하시며
내 우주가 아닌 모두의 우주에 머물게 하소서.
내 밖에서 나를 바라보는 눈 기르게 하셔서
나 자신에 대한 근거 없는 과신도, 불신도 말게 하소서.

은총이신 하나님,

새해에는 이전과 다르게 살고 싶습니다.
새로운 삶에 대한 저희 의지 굳건하게 하소서.

이런저런 다짐을 해보지만 삼일을 넘기기 어렵습니다.
저희로 자신에 대해 쉬이 실망하지 않게 하소서.
실망보다는 환경의 변화를 꾀할 줄 아는
지혜로운 사람 되게 하소서.

저희 의지가 약할 때,
저희 용기가 부족할 때
성령께서 함께하셔서 저희를 돕는 손길 늘 있게 해 주소서.

그리스도 예수님 이름으로 기도드립니다. 아멘.

여섯.

사랑이신 하나님,

저희에게 일상과 구별되는 명절을 지내게 하시니
참 감사합니다.

평소와는 다르게 시간을 보내며
쉼을 맛보도록 인도하신 은혜도 고맙습니다.
저희에게 허락된 이 선물 같은 시간에
본래의 모습 되찾게 하소서.

열심히 일하느라 정작 스스로를
도구화했던 것은 아닌지 모르겠습니다.

의무감에 사로잡혀 일하는 즐거움을 잊고
기능인으로 전락한 것은 아닌지 모르겠습니다.

일은 소중하지만 삶의 전부가 아님을 잊지 않게 하소서.
나의 존재감이 일을 통해서만
입증되는 것이 아님도 깨닫게 하소서.
일은 인생의 한 시절 존재의 놀이터에 불과함을
깨우치게 하소서.

일을 떠나서도 여전히 의미 있는 삶을 살아가도록
인생을 가꾸는 저희 되게 하소서.
하여 하나님이 지어 주신 통전적인 인간으로 회복되게 하소서.

일에서 놓여났을 때 당혹스러워하지 않게 하시고
하나님이 허락하신 귀한 쉼의 시간임을 감사하게 하소서.

분주하여 돌아보지 못한
가여운 존재의 회복을
명하신 시간임을 깨달아 알게 하소서.

그리스도 예수님 이름으로 기도드립니다. 아멘.

일곱.

사랑이신 하나님,

지난 한 주간 나날이 증가하는 바이러스 감염 확진자 수에
두려움과 염려를 가득 안고 지냈습니다.
모임은 폐하고 만남은 주저하는 상황 속에서
함께 모여 마음을 모아 예배하는 저희를 기쁘게 받아 주소서.

예측할 수 없는 인간 세상의 내일 앞에
연약하고 무력한 저희는 속수무책입니다.

인간이 높이 쌓아 올린 문명의 탑을 두고
콧대가 높았던 저희 불쌍히 여기소서.
저희 한계를 인정하고 겸손하게 하소서.
저희 오만을 부끄러이 여기게 하시고
하나님께 온전히 맡기는 삶 살게 하소서.

자비이신 하나님,

재난을 당할 때 더 외롭고 어려운 가난한 이웃에게
자비를 베풀어 주소서.
하나님의 정의와 사랑은 담장 안에 갇히지 않음을
깨달아 알게 하소서.
저희로 인종과 국가의 경계를 넘어서는
사랑의 실천에 관심을 갖게 하소서.

사랑의 나눔을 통해 저희가 예수님의 제자,
빛의 증인인 것을 세상이 알게 하소서.

드러나지 않아도
값진 신앙의 가치 추구하게 하소서.

그리스도 예수님 이름으로 기도드립니다. 아멘.

여덟.

사랑이신 하나님,

지난 한 주간도 저희를 보호해 주셔서
탈 없이 지내게 하신 은혜 감사합니다.
이러저러한 속상하고 애달픈 일들과
막연한 두려움과 염려가 있었지만,
무너지지 않고 저희 자신을 추스를 수 있도록
단단한 마음 주셔서 감사합니다.

일상에서 매 순간 누리는 평안이
주님이 주신 특별한 은혜임을 고백합니다.

하나님은 쓸모없음을 귀히 여기시지만
저희는 타인을 쓸모로 평가하고 있습니다.
사람을 유용과 무용으로 평가하는 세상에
저항한다고 하면서도
저희는 밥이 되지 않는 것을 업신여기고 있습니다.

자비이신 하나님,

저희를 불쌍히 여기소서.

저희 중심을 하나님께 두게 하소서.
세상이 쓸모없다 버린 것에서 가치를 찾고
세상이 무용하다 버린 존재에게서 희망을 찾는
참 신앙인으로 살아가게 하소서.

그리스도 예수님 이름으로 기도드립니다. 아멘.

아홉.

사랑이신 하나님,

주일에 예배드릴 수 있어 참 감사합니다.

일상이 위협받는 상황에서야 비로소
저희는 공동 예배와 공동 식사가
얼마나 감사한 일이었는지 깨닫게 됩니다.

함께 모여 손잡고 평화를 기원하며,
한 상에 둘러앉아 따순 밥 한 끼를 나누고,
두런두런 삶을 나누는 교회의 일상을 속히 회복시켜 주소서.

저희 일상을 혼란에 빠뜨리고, 두려움에 몰아넣는
감염 사태를 다룰 수 있도록 지혜를 주소서.

저희로 어려운 시기에 더욱 고통받을
세상의 가장자리에 있는 이들을 잊지 않게 하시고,
그들을 돕는 손길이 되게 하소서.

은총이신 하나님,

폐쇄적인 종교가 사회에 얼마나 큰 위협이 되는지
목도하게 하셔서 감사합니다.

늘 깨어 자신을 돌아보며,
열린 마음으로 건강한 신앙생활 하도록 저희를 인도하소서.

한 번 주어진 인생, 사는 재미를 맛보며 살게 하시되
순간의 재미에만 매몰되기보다는
멀리 바라보고 깊이 생각하는 의미 있는 여정 되도록
저희를 이끌어 주소서.

의미에 대한 추구 놓치지 않는 인생길 되게 하소서.

그리스도 예수님 이름으로 기도드립니다. 아멘.

4. 사순절:
인간의 고통, 그리스도의 수난

하나.

사랑이신 하나님,

설 명절을 지내고 돌아와 하나님 앞에 섭니다.
혈연으로 맺어진 가족을 만나며
기쁨과 슬픔, 흐뭇함과 연민을 맛보았습니다.
때로 울분도 솟구쳤습니다.
지나간 상처가 덧난 듯 가슴이 아프기도 했습니다.
그러나 끝에는 감사만이 남았습니다.
세상에 태어나 이만큼 살아가게 된 것은
모두 하나님의 은혜였습니다.

하나님, 감사합니다.
인생의 쓴맛도 삶의 깊이와 신앙의 신비로 인도하는 길임을
깨닫게 하시니 참 감사합니다.

새로이 시작되는 올해 사순절,
무엇으로 신앙의 깊이를 더할까 묵상해 봅니다.

인간의 고통 때문에 그리스도가 수난을 당하셨다는
시리도록 아름다운 사랑 이야기를 마음에 간직합니다.
십자가 위에서 너덜너덜 찢긴 하나님이
결국 인간을 구원하신다는
비극적인 역설을 가슴에 담아 봅니다.

사랑이신 하나님,
그 사랑 이야기를 계속 써 나가게 하소서.
그 역설의 신비를 흉내 내게 하소서.

수난 당하신 그리스도 예수님 이름으로 기도드립니다. 아멘.

둘.

사랑이신 하나님,

모래알처럼 흩어졌던 저희를
예배하는 공동체로 불러 주셔서 감사합니다.
저희로 각자도생의 시대에
함께 사는 세상을 꿈꿀 만큼
우둔하게 하심도 감사드립니다.

세상은 마땅히 가야 할 길을 망각한 배처럼 출렁이고,
사람들은 양심과 도덕을 잃어버린 밀랍 인형처럼
탐욕 앞에 녹아내립니다.

교회는 하나님 아닌 다른 이념과 존재에
더 큰 신뢰를 보냅니다.
통제 불능의 질병들은 저희 삶을 위협하고,
팔뚝에 두른 완장의 화려함을 누릴 뿐
그 무엇도 책임지지 않으려는 야비하고 비열한 인간성이
세상의 혼란함을 부추기고 있습니다.

정의이신 하나님,

저희로 세상을 향해 단호한 '아니다'를 선언하게 하시고,
다른 세상을 꿈꾸며 살아가게 하소서.

'산다는 건
어둠 속에서도, 눈물 속에서도
노래하고 춤추며 싸워 가는 것'이라는 시인의 노래처럼**
저희도 하나님과 동행하며 즐거이 싸워 가게 하소서.
악에게 지지 말고 선으로 악을 이기게 하소서.

예수 그리스도 이름으로 기도드립니다. 아멘.

**   시인 박노해의 페루 사진전 블로그에 소개된 시인의 잠언

셋.

사랑이신 하나님,

사순절 고개를 넘어 고난의 정점, 십자가로 걸어갑니다.
저희 주일예배는 여상하지만, 감사의 마음은 오늘도 새롭습니다.

사람과 하나님이 만나는 자리,
십자가를 저희에게 선물로 주서서 감사합니다.
십자가를 통해 고난의 신비 알게 하심도 감사합니다.

십자가 사건을 통해
전적으로 자기를 버리는 행위만이
다른 이를 구원할 수 있음을 알게 됩니다.

십자가는 명예욕에 들뜬 영웅의 치기 어린 사건이 아니고
착한아이 콤플렉스의 위선적 결단도 아님을 알게 하소서.

십자가는 무엇보다 사랑과 겸손의 사건임을 알게 하소서.

십자가는 사랑과 정의에 대한 얼음보다 차가운
무관심을 일깨우는 사건이며,
모욕과 비천을 견뎌 낸 겸손의 사건임을 알게 하소서.

십자가는 제자들의 발을 씻겨 주신 사건의 연장이었음을
깨닫게 하소서.
명석한 머리의 이해력을 자랑하고
수려한 말솜씨로 우쭐대는 모자란 저희를 가엾이 여겨 주시고,
십자가 앞에서 무릎 꿇게 하소서.

저희 발을 닦아 주시는 주님 앞에서 철저히 무너지게 하소서.
고통으로 짓뭉개진 이웃의 발 앞에 무너지게 하소서.

그들의 발을 어루만지는, 삶으로서의 예배를 지속하게 하소서.

예수 그리스도 이름으로 기도드립니다. 아멘.

넷.

고난 중에 계신 하나님,

예배의 자리로 불러 주신 은혜에 감사드립니다.
자신만을 위해 살아가던 저희로 하나님을 경배할 수 있음이
큰 은혜임을 고백합니다.
예배의 자리에서 겸손을 알게 하시고,
이 세상을 살아가는 이유도 깨닫게 하소서.

넘어야 할 인생의 언덕은 아직 많이 남아 있지만,
가끔 아니 사실은 아주 자주
저희는 지쳐서 인생이 고달프게 느껴집니다.
그래서 대충, 넋 놓고 살아갈 때가 많습니다.
눈앞에 놓인 과제들, 해결해야 할 문제들,
서둘러 개입해야 할 일들을
슬쩍 모른 척 눈감을 때도 있습니다.

이웃의 가슴 아픈 사연에 대해서도, 가족의 눈물까지도
나 아닌 누군가가 해결하기를 기대합니다.
이익을 다투는 데는 부지런하지만,
짐을 져야 할 일에는 게을러집니다.
저희의 나약함을, 저희의 무심함을 불쌍히 여겨 주소서.

당신이 창조하신 세계의 문제를 죽기까지 책임지신 하나님,
저희에게 맡겨 주신 세상과
이웃과
저희 자신에 대한 책임을
저희도 기꺼이 감당하게 하소서.

부족한 능력 때문에, 욕심 때문에 버거워하는
저희 일상을 치유하시고,
서로가 서로를 책임져 주는 삶을 살게 하소서.

예수 그리스도 이름으로 기도드립니다. 아멘.

다섯.

외로우신 하나님,

오지 않을 듯 애를 태우던 봄날이
방심하던 저희 가운데 쑥 들어와 자리를 잡은 주일 아침
한결 같이 예배의 자리로 불러 주신 은혜에 감사드립니다.

인간의 그릇됨에 대한 성찰과 이웃의 고난에 대한 묵상은
익숙해져 의미도 모르고 흥얼거리는 콧노래가 되었습니다.

이런 저희 콧노래 앞에서,
당신의 진심 어림을 몰라 주는 사람들 앞에서
당신은 얼마나 외로우십니까.

저희로 신앙의 마이스터가 되지 않게 하소서.
저희로 사순절의 신비를 이미 다 알고 있는
기쁨 어린 슬픔의 진부한 이야기로 치부하지 않게 하소서.

매번 새롭게 깨닫게 하시고,
날마다 조금씩 깊어지는 신앙인 되게 하소서.

인생의 구비구비를 너머 예루살렘으로 입성하시는
초라하고 볼품없는 예수님의
길을 따라 줄을 서는 저희를 칭찬해 주소서.

크고 높고 우렁찬 소리를 내는 힘센 사람들 가운데서도
참 인간 예수님 따라 한없이 왜소해지는 저희를
하나님 어깨 위에 세워 주소서.
하여 남들이 보지 못하는 세상, 하나님 나라 더 잘 보게 하소서.

못난 나귀 타신 예수님 이름으로 기도드립니다. 아멘.

여섯.

사랑과 은총이 가득하신 하나님,

십자가에서 죽어간 예수님을 통하여
모든 이에게 값없이 주어진
하나님의 사랑을 맛보게 하셔서 참 감사합니다.

예수님의 십자가 고난을 기억하는 저희들,
오늘은 자신도 잘 모르는 여러 가지 이유로
고통당하는 사람들을 기억하고 싶습니다.

늘 우리 자신의 아픔만이 아픔이고,
우리 자신의 고통만이 무거웠던 것은 아닌지 되돌아봅니다.

저희로 타인이 당하는 고통과 고난에 연민을 갖도록 하시고,
심정적으로 물리적으로 고난 당하는 이들의 곁에
머물 수 있는 신앙인이 되게 하소서.

우리 자신이 다른 이의 고통의 원인이 되지는 않았는지 되돌아봅니다.
나 자신 안에 매몰되어,
자신만의 의로움에 사무쳐서,
다른 이들을 내 기준으로 판단하고,
다른 이들을 사나운 눈빛과 냉담한 표정으로 정죄하며
고통으로 몰아가지는 않았는지 되돌아봅니다.

되돌아보고 뉘우칠 줄 아는 신앙인이 되게 하셔서
스스로 너그럽고 자유로운 사람 되게 하시고,
다른 이를 자유케 하는 사람 되게 하소서.

예수 그리스도 이름으로 기도드립니다. 아멘.

일곱.

사랑과 은총이 가득하신 하나님,

고난 주간을 맞이하여
저희로 예수님의 고난을 생각하며
또한 지금도 고난당하는 세상의 많은 이들을 기억하게 하소서.

빈궁에 처하여 고난당하는 이들과
물질의 궁핍함으로 삶 전반이 왜곡당한 이들을 기억하게 하시고,
좀 더 많이 가진 저희가 그들의 빈궁을 나누어 책임지게 하소서.

마음에 상처가 많아 고통받는 사람들을 기억하게 하시고,
저희로 그들의 이야기를 들어주고
또 위로할 시간과 물질을 낼 수 있도록
넉넉한 마음을 허락하여 주소서.

고난의 현장에 함께하시는 하나님,
저희의 시선도 절망과 고통이 있는 곳에 머물게 하시고
하나님이 지극히 작은 자들의 손을 잡아 주시듯,
저희도 아파하는 사람들에게 손 내밀게 하소서.

이번 주에는 무엇보다도
나 자신의 사무치는 의로움 때문에
아파하는 친구를 외면하지 않게 하시고,
참회의 심정으로 기도하게 하소서.

예수님 이름으로 기도드립니다. 아멘.

여덟.

사랑과 은총 가득하신 하나님,

고난 주간을 지내고 있는 저희들에게 복 내려 주소서.

십자가에 달리신 예수 그리스도를 생각해 봅니다.
저희로 아무 잘못 없이 모든 이들을 대신해서 희생 제물이 된
그 거룩한 죽음을 기억하게 하소서.

예수 그리스도의 고통을 기억하며,
오늘 고통의 현장,
고난 받는 이들의 신음 소리에 귀 기울이게 하소서.
이번 주만큼은 세상의 고통과 절망에 민감하게 하소서.

이천 년 전 그때처럼,
여전히 많은 사람들은 고통 중에 살아가고,
무고한 사람들의 절망은 돌이킬 수 없을 만큼 큽니다.
미력한 저희의 힘 보태어
그들에게 작은 희망의 씨앗 하나 날려 주고 싶습니다.

저희 자신을 위한 필요와 욕구는 십자가에 못박게 하시고
타인의 절체절명의 필요와 욕구에
마음과 손이 넉넉해지게 하소서.
우리를 향해 내미는 타인의 손
헤픈 듯이 풍성하게 잡아 주게 하소서.

그렇게 해서라도
예수 그리스도 혼자 지고 가신 십자가의 무게 덜어드리고 싶습니다.

예수님 이름으로 기도드립니다. 아멘.

아홉.

사랑이신 하나님,

사순절을 살아가는 저희들,
예수님의 십자가 고난을 기억합니다.
예수님을 우리 주님이라 고백하는 저희로,
기꺼이 제 몫의 십자가를 지게 하소서.

주님 앞에선 큰소리치고,
여종 앞에 주눅 들었던 베드로를 기억합니다.
저희로,
교회 안에서만 의로움을 자랑하지 않게 하시고,
세상 안에서,
각자의 삶의 자리에서,
저희가 예수님의 참 제자임을 드러내게 하소서.

마음은 원이로되 육신이 약하다는 예수님의 탄식이,
오늘 저희의 탄식이 되게 하시고,
마음이 가는 곳에 저희 몸도 함께 가도록,
몸을 다스려 살게 하소서.

어떤 자리에서도
변명 많은 부끄러운 신앙인은 되지 않게 하소서.

일상 속 내 삶의 자리가 예배의 자리가 되는
참 용기 있고 진실한 신앙인으로 살게 하소서.

예수 그리스도 이름으로 기도드립니다. 아멘.

열.

〈사순절 성찬 후 감사 기도〉

세상을 구원하시려고 아들을 십자가에 내어 주신 사랑 많으신 하나님,
예수님을 구주로 고백하면서도
늘 그리스도와 이웃의 고난에 눈감았던 염치없는 저희들을 부르시어
말씀으로 부끄럽게 하시고,
성찬으로 용기 얻게 하신
은혜에 감사드립니다.

성찬의 은혜를 경험한 교우들,
이제와 또 영원히
하나님의 동행을 감사하면서,
외롭고 고통스럽게
홀로 십자가의 길을 가신 예수님 기억하며,
고통스런 삶의 자리에서
이웃들의 두려움과 아픔에 눈감지 않게 하소서.
세상 끝 날까지
더욱 용기 있는 그리스도인으로 살아가게 하소서.

성찬을 통하여 그리스도와 연합한 그리스도의 일꾼들,
십자가를 지고 넘어지며
수난의 길을 걸어가신 예수님을 생각하며
어린아이부터 노인에 이르기까지
제 몫의 십자가를 지고 고통으로 신음하는 형제·자매들을,
우리 주님 대하듯 신실한 마음으로 섬기게 하소서.

우리 주님의 희생 위에 세워진
그리스도의 몸 된 이 교회를
죽기까지 사랑하게 하소서.

십자가 고난을 통하여 세상을 구원하시는 예수님 따라
스스로를 낮추고 부인하며
겸허하게 다른 이를 비추는
온화한 그리스도인으로 살아가게 하소서.

예수 그리스도 이름으로 기도드립니다. 아멘.

열하나.

사랑과 은총이 가득하신 하나님,

잘못 없이
허물 많은 이들의 죄를 대신한
거룩한 죽음을 되새기는 사순절,
십자가에서 비참하게 죽어 가신 예수님을
기억하게 하시니 감사합니다.

참 신, 참 인간, 참 사랑이신 주님의 십자가 고통을
기억하는 저희로
여러 가지 이유로 고통당하는 사람들과
잊고 지냈던 나 자신을 기억하고 싶습니다.
주님, 저희와 함께하소서.

모두가 저마다의 생각이 있도록 빚어 주신 하나님,

주님께서 빚어 주신 세상은 다채롭기에 더욱 아름답습니다.
하지만, 사람들은 세상을 바라보는 눈이 나와 다르기에
남은 틀렸다고 정죄하며, 남의 생명을 앗아가기까지 했습니다.
남과 다른 것이 죄가 되어 죄 없이 스러져간 수많은 이들과
살아남아 괴로워하는 이들을 기억하고 싶습니다.
하나님의 의를 기준으로 불의한 세상에 저항하다가
억울한 죽음을 맞이한 이들과
한 순간에 피붙이를 잃고 깊은 슬픔에 빠진 이들도
잊지 않게 하소서.
차디찬 바다에서 구원의 손길을 기다리며

사투 가운데 스러져간 노란색 꽃들도 기억합니다.
이제 그만 애도를 멈추라는 이웃의 교만한 훈수 때문에
분노하는 유족들이 참으로 안타깝습니다.
하나님께서 그들을 밑도 끝도 없는 절망에서 건져 주소서.
그저 저희 사는 동안 할 수 있는 일 없어 다만 그들을 힘써 기억하는
저희를 불쌍히 여겨 주소서.

십자가에 달리신 하나님,
저희는 늘 밝고, 명랑하고, 기쁜 것만 선호하는
세상 속에 살고 있습니다.
하여 십자가는 숨기고, 부활의 영광에만 열광합니다.
어둡고, 우울하고, 슬퍼하는 인생의 그늘은 감추려고만 합니다.
십자가 그늘 아래서
저희는 삶의 고통, 슬픔, 절망과 대면해 보고 싶습니다.
그리고 마침내 저희로 나 자신의 내면으로 깊이 들어가
나 자신과 마주 볼 용기를 지니게 하소서.
"아, 나는 비참한 사람입니다.
누가 이 죽음의 몸에서 나를 건져 주겠습니까?"
바울 사도의 한숨 섞인 이 탄원이 저희의 것이 되게 하소서.
나 자신의 불완전하고 모순된 점을 애통해 하고 절망할 때
나와 마주 서 계신 주님의 손길을 갈망하게 하소서.
나 자신을 슬퍼하며 주님의 구원에만 의지하는
행복한 사람이 되고 싶습니다.
저희로 희망의 전조를 맛보게 하소서.

예수님 이름으로 기도드립니다. 아멘.

열둘.

사랑이신 하나님,

저희 생명은 하나님께 속해 있고,
저희 존재의 근원은 하나님이십니다.
저희를 태중에서 이미 부르셨고,
어머니의 복중에서부터 이미 저희 이름을 기억해 주셨습니다.
참으로 저희를 귀하게 여겨 주셨습니다.
하지만 저희는 저희 자신을 함부로 대했습니다.
사람들에게 조금만 비판받아도
저희가 하나님의 지음 받은 존재라는 사실을 잊은 채
저희 자신을 비하하기도 했습니다.
자주 자신을 비하하고 학대하는 저희를 불쌍히 여기소서.
하나님의 사랑받는 귀한 존재로 저희 자신을 잘 대하게 하소서.

하루에 일곱 번이라도 용서하라고 하신 하나님,

저희는 용서하고 또 용서받고 싶습니다.
저희는 자신만의 의로움에 사무쳐서
다른 이들을 쉬이 판단했습니다.
저희는 내심 자신이 영리하다고 우쭐대며,
다른 이들의 말과 행동을 보며 그 의도를 추측했습니다.
내 판단과 추측 때문에 억울해 하고 속이 상한 사람들에게
용서받고 싶습니다.
하나님의 지음 받은 귀한 사람들에게 상처를 입힌 저희는
또한 하나님께도 용서를 구하고 싶습니다.

저희를 불쌍히 여겨 주소서.
날카로운 말로 다른 이들을 콕콕 찔러 주고,
부정적인 말로 다른 이들의 기를 꺾고,
허튼 말로 다른 이들의 신의를 저버리며,
자랑하는 말로 다른 이들을 주눅 들게 하지 않았는지 되돌아봅니다.
저희 입술에 파수꾼을 세워 주소서.

저희는 하나님의 이름을 높이기보다는
저희 자신의 이름이 높여지는 것을 즐거워했습니다.
살아가며 얻어진 성과들을 하나님의 선물이라 여기기보다는
자신의 노력과 능력의 결과라고 당연시했습니다.
'나 이런 사람이야', 명함에 새겨진 직함이 마치
나 자신인 듯
이러저러한 겉옷을 걸치고, 가면을 쓰고 다니면서
더 멋지게, 더 완벽하게 나를 둘러싼 루머를 확산시켰습니다.
가끔은 그 루머가 자신에 관한 팩트인 줄 착각하기도 했습니다.
그리스도 외에는 자신이 가진 모든 것을 배설물로
여긴다고 고백한 바울 사도를 기억합니다.
저희로 저희를 둘러싼 세상의 루머 속에
안주하지 않게 하소서.

사실은 벌레 같은 사람, 구더기 같은 인생임을 탄원하는 욥과 더불어,
저희도 하나님 앞에 선 벌거벗은 저희의 진짜 모습을 발견하게 하소서.

저희를 불쌍히 여기소서.
예수님을 통해 모든 이에게 값없이 주어진
하나님의 사랑으로 저희에게 자비를 베푸소서.
저희의 완악하고 얕은 믿음을 불쌍히 여겨 주소서.
저희로 되돌아보고 뉘우칠 줄 아는
그리스도인이 되게 하소서.

십자가의 도를 부끄러워하지 않게 하시되,
부끄러움을 아는 그리스도인 되게 하소서.
십자가의 도에 스스로를 매어놓게 하시되,
다른 이들을 자유하게 하는 사람 되게 하소서.

십자가에 달리신 예수님 이름으로 기도드립니다. 아멘.

열셋.

〈3월의 기도〉

사랑이신 하나님,

지난겨울 춥고 쓸쓸했던 교회 마당에
새봄을 맞이하게 하시니 참 감사합니다.

새봄을 맞이한 저희도
온화하고 물오른 나뭇가지처럼 생기 있게 하소서.

저희 교회에 새내기를 보내 주셔서 감사합니다.
우리 새내기들이 이 동산에서
보람 있는 나날을 보내도록 도와주시고,
이곳에서 그들의 참되고 착하고 아름다운 신심이
나날이 깊어가게 하소서.

분홍색 진달래, 노란색 영춘화, 개나리, 흰색 목련
저마다 색깔, 모양 다르지만,
모두 나름의 아름다움이 있음을 기억합니다.
저희의 모습도 이렇듯 서로 다르고, 각자의 재능도 다르고,
저마다의 성장 곡선이 다름도 기억하게 하소서.
우리 교우들, 비교하는 눈으로 자신을 바라보며,
남과 다름에 슬퍼하지 않게 하소서.
자신의 감추어진 아름다움을 발견할 수 있는
아주 특별한 눈을 저희에게 허락하소서.

지금 서 있는 길이 잘못된 길이 아닐까 회의하며
슬퍼하는 교우들에게,
사랑이신 하나님께서 따스한 봄 햇살로 오셔서
하늘이 온통 새의 길이듯,
모든 길이 우리에게 열려 있음을 깨우쳐 주소서.
우리 교우들의 처진 어깨를 다독여 주소서.
지금 여기서 자신의 길을,
자신을 행복하게 하는 길을 찾아 나설 수 있도록 용기도 주소서.

언덕 많은 인생 동산에서
젊은 한때를 보내는 우리 청년 교우들,
인생의 언덕을 만나 어렵고 힘든 일을 당할 때도,
담담하게 버텨 낼 줄 아는 뚝심 있는 사람으로 성장하는 길에
사랑이신 하나님께서 보이지 않는 발길로 동행하여 주소서.

예수님 이름으로 기도드립니다. 아멘.

열넷.

〈3월 8일 세계 여성의 날〉

사랑이신 하나님,

3월의 아침,
교우들 함께 작은 예배당에 모일 수 있어서 참 좋습니다.

저마다 바쁘게 살면서
모래알처럼 흩어졌던 우리 교우들이
잠시 자신만의 문제를 접어 두고,
이곳에 함께 모여 사랑에 대하여,
그리스도인의 사회적 책무에 대하여 고민하며,
세상 모든 여성의 자유와 인간화를 꿈꾸게 하시니 감사합니다.

세상이 말하는 빛남과 강함, 큰 것과 많음 앞에서
거인국의 소인처럼 주눅 들 때에
저희 존재의 가치를 알게 하시고,
강한 자를 부끄럽게 만드는
작고 연약한 사람들의 연대의 힘을 알게 하시니 감사합니다.

우리 교우들 저마다 상황은 다르지만,
예배 공동체의 울타리 안에서, 함께 같은 곳을 바라보며,
보다 멋진 인간, 보다 아름다운 세상에 대한 열망을 공유하게 하소서.

세상이 절망을 말할 때,
저희로 희망할 수 있는 용기를 주시고,
세상이 불신을 말할 때,
저희로 신뢰할 수 있는 믿음을 주소서.
세상이 분열을 말할 때,
저희로 하나 될 수 있는 힘을 주시고,
세상이 권력과 금력을 말할 때,
저희로 인간됨의 가치를 웅변하게 하소서.
세상이 나눔은 나누기라 말할 때,
저희로 나눔이 더하기임을 경험하게 하소서.

우리 그리스도인들의 용기와 사랑이
비인간화된 세상에 대한 무관심의 산을 옮기게 하시고,
우리 그리스도인들의 연대와 나눔이
세상 모든 여성의 삶을 변화시키게 하소서.

예수님 이름으로 기도드립니다.

열다섯.

사랑이신 하나님,

봄을 재촉하는 비를 내려 주셔서 감사합니다.

분주한 일상을 뒤로하고 서둘러 나아온
저희 영혼도 봄비를 기다립니다.
얼어 갈라지고 푸석한 겨울 땅 위에 봄비가 내리듯
메마른 저희 가슴에 은혜를 내려 주소서.

저희로 존귀한 존재임을 깨닫게 하시고,
피조된 인간다움을 회복하게 하소서.
물질문명의 거대한 물결 앞에
한없이 작고 초라하게만 느껴지던 저희로
하나님 자녀로서의 품위를 되찾게 하소서.

정의이신 하나님,

일자리를 잃은 이웃을 기억해 주소서.
일이 생계 수단일 뿐 아니라 생의 의미인 것을 생각할 때
이웃의 고통이 저희에게 사무칩니다.
하나님께서 이웃의 일자리와 더불어
빼앗긴 것들을 회복시켜 주소서.

인간의 고통을 들여다보면 볼수록
절망은 태산이 되고,
희망은 손에 쥔 모래 같습니다.
용기 주시며,
희망할 수 있는 작은 믿음도 선물로 주소서.

예수 그리스도 이름으로 기도드립니다. 아멘.

열여섯.

사랑이신 하나님,

지난 한 주간 저희를 지켜 주시고,
불안한 세상 가운데서도
큰 흔들림 없이 지내게 해 주신 것,
참 감사합니다.

오늘 주님의 부르심에 응답하여 나온
저희의 감사와 찬양을 받아 주소서.

사순절 막바지를 향해 달려가는 저희로
더욱 치열하게 이웃의 고통을 묵상하게 하소서.

주님,
곤고한 삶 가운데서 이웃의 고통을 기억하는 것은
이미 지친 저희를 더욱 힘들게 만듭니다.
변하지 않는 세상을 향한 분노도 이제는 체념이 되곤 합니다.
사회 도처에 존재하는 불의도,
이웃이 고난당하는 현실도
아는 것이 두렵고,
행여 알게 될까 봐 슬쩍 고개를 돌리고 모른척하고만 싶어집니다.

나약하고 얄팍한 저희 인간됨을 불쌍히 여겨 주소서.
비틀거리면서도 정의의 길 끝까지 걷게 하소서.

세상의 무거운 십자가를 지신 예수님 본받아
이웃이 당한 고통을 기억하게 하소서.

중심부를 향해 가던 걸음 멈추고
주변부로 발길을 돌리게 하소서.

날마다 자기 한계를 조금씩 뛰어넘는 참 신앙인 되게 하소서.

예수 그리스도 이름으로 기도드립니다. 아멘.

열일곱.

사랑이신 하나님,

많고 크고 점점 늘어나는 것이 좋다는
신화 속에 살아온 저희를 불쌍히 여기소서.

감염 사태에 매몰된 일상을 살아가는 저희는
늘어나는 감염자 숫자와 사망자 숫자 앞에
망연자실합니다.
무엇이든 많아지고 커지고 확대되는 것이
좋은 것만은 아니었음을 깨닫는 지금
저희는 이미 너무나 많은 것을 잃은 것은 아닌지,
저희의 깨달음이 너무 늦은 것은 아닌지 되돌아봅니다.

많은 사람을 만나고 많은 이들로부터 인정을 받아야만
성공한 인생이라고 평가받는 사회적 통념을 수용해 왔던
저희를 반성해 봅니다.

자비이신 하나님,
저희를 불쌍히 여기소서.
자신의 외로움과 고립감을 해소하기 위해
타인을 절실히 요구하기보다
자신과 대면하는 고독의 길 걷게 하소서.

이웃을 위해 자신을 고립시켜야 하는 저희로
고독할 때 더욱 충만해지는 하나님의 현존 경험하게 하소서.

십자가에서 홀로 외로우신 예수님 이름으로 기도드립니다. 아멘.

열여덟.

사랑이신 하나님,

전염병이 창궐하는 이때,
자신의 생존이 위협받는 상황에서
타자와의 공존이 말처럼 쉽지 않음을 알게 하신 은혜 감사합니다.

서로 다른 장소에서
하나님께 예배하게 하시니 감사합니다.
따로 또 같이 드리는 예배 가운데
성령 안에서 깊은 일치의 신비를 누리게 하소서.

믿음과 사랑으로 예배드리는
단 한 사람, 단 한 가족이 있는 그곳에
온 교회가 존재하게 하소서.

사순절을 통과하는 저희로
삶을 소중히 여기되 집착하지 않게 하소서.
열정을 갖되 감정에 매몰되지 않게 하소서.
넉넉함을 추구하되 욕심으로 과하지 않게 하소서.
움켜쥐고 사무치기보다 한계를 훌쩍 넘게 하소서.
보이는 것이 다가 아닌 초월의 삶도 꿈꾸게 하소서.

십자가 위에서 홀로 외로우신 예수님 이름으로 기도드립니다. 아멘.

열아홉.

세상 모든 곳에 계신 하나님,

따로 또 같이, 다른 곳에서 같은 시간에
하나님 앞에 머리 숙인 저희를
하나의 예배 공동체로 만들어 주소서.

지난 한 주간도 낯선 삶의 방식을 경험하게 하시니 감사합니다.
개방보다는 폐쇄를,
사교보다는 칩거를 미덕으로 여기며
혼란의 시간을 살아가는 저희를 불쌍히 여기소서.

이 낯설고 새로운 경험 앞에서도
뉘우침과 감사 놓치지 않게 하소서.
가벼움과 부표를 거두어 내고
더 깊숙이 하나님께로 내려가게 하소서.
이 시간을 하나님이 저희에게 침잠을 명하신 때라 여기게 하소서.

하나님을 향해 더 큰 팔 벌리게 하시고
하나님과 더 친밀한 사귐 갈망하게 하소서.

십자가 위에서 홀로 외로우신 예수님 이름으로 기도드립니다. 아멘.

스물.

사랑이신 하나님,

언 땅을 녹여 주시고 따뜻한 봄날을
맞이하게 해 주셔서 감사합니다.

기쁨으로 노래하며 예배드리게 하심도 감사합니다.

어둠이 빛을 이길 수 없다는 진리를
확인해 주신 은혜를 감사드립니다.

정의로우신 하나님의 존재를 회의하면서
뒤를 돌아보던 저희에게
희망을 불어넣어 주신 은혜도 감사드립니다.

주님께서는 역사와 하나님 나라를 열망하는 저희 눈물이
춤이 되게 해 주셨습니다.
이 시간, 많은 이의 피땀 어린 희생이
역사의 진보를 이루어 냈음을 기억하게 하소서.

평화이신 하나님,

서로 다른 정치적 입장을 지닌 사람들이
자신의 신념을 지켜 내고자 서로 대립하고 있습니다.
이런 대립이 미움과 저주로 끝나지 않게 하시고,
함께 사는 길로 이어지게 하소서.

막힌 담을 허무신 주님과 더불어
공존의 지혜를 깨닫게 하소서.

예수 그리스도 이름으로 기도드립니다. 아멘.

스물하나.

세상 모든 곳에 계신 하나님,

지난 한 주간도 저희 삶 가운데 동행해 주신 은혜에 감사드립니다.

제한된 일상을 살아가면서 때로 답답하기도 했지만,
이렇게라도 절제와 침잠을 알게 하시니
이 또한 하나님의 은혜임을 고백합니다.

오늘 주일도 물리적 접촉은 삼간 채
보이지 않는 곳에서 예배하게 하시니 감사합니다.

좁다란 골목길, 단아한 마당과 호젓한 예배당이 그립지만,
각자의 자리에서 마음 모아 예배드리게 하신 은혜도 감사합니다.
성령의 띠로 하나되어 저희가 한 신앙 공동체임을 깨닫게 하소서.

사랑이신 하나님,

저희는 목이 곧은 백성이기에 하나님의 사랑을 의심하고 저항합니다.
하나님의 인도를 기다리기보다 앞서나가며 잘난 체합니다.
저희를 불쌍히 여기소서.

'순종이 제사보다 낫다'는 약속의 말씀을 새기며
하나님 앞에서는 수동성도 갖추게 하소서.

한계를 돌파해 내기 위해 발버둥치기보다
하나님의 큰 구도를 전적으로 신뢰하게 하소서.
"예" 주님 뜻대로 하소서, 순종하게 하소서.

십자가에서 홀로 외로우신 예수님 이름으로 기도드립니다. 아멘.

스물둘.

세상 모든 곳에 계신 하나님,

사순절 다섯째 주일,
교회는 교제를 잃은 채,
동시에 따로 드리는 예배로
정체를 확인하는 저희를 불쌍히 여기소서.
영혼의 거울을 찾아 자신의 신앙을 비춰 보는
교회의 교제를 회복시켜 주소서.

시간은 멈춘 듯했지만
한산한 거리에 꽃이 피어나고
푸른 잎이 자라고 있습니다.
주님의 피조 세계에서 움츠러든 것은
오직 사람이었나 봅니다.
저희를 치유하여 주소서.

이 지난한 시간을 초조함 없이 견뎌 내게 하시고
부활의 날을 맞게 하소서.
함께 모여 예배드리는 기쁨을 허락하소서.

은혜로우신 하나님,

부활절을 기다리며 저희는 더 너그러워지고 싶습니다.
자신을 욕보인 사람들을 위해 하나님께 용서를 간구하신
예수님의 깊고 큰 거푸집으로 저희를 새롭게 빚어 주소서.

타인을 용서할 수 있는 큰 권한이
감히 저희에게 있음을 감사하게 하소서.

십자가 위에서 홀로 외로우신 예수님 이름으로 기도드립니다. 아멘.

스물셋.

세상 모든 곳에 계신 하나님,

맑고 밝은 봄날을 주셔서 감사합니다.

세상을 좀먹는 창궐하는 전염병에도 아랑곳하지 않고
무심한 듯 동요 없는 자연은 아름답습니다.
눈에 볼 수 없고 손에 만질 수 없는 경험 속에서도
하나님을 신뢰하며 살게 하신 은혜 감사합니다.

부재의 경험 속에 교회와 교우의 현존을
더 간절히 느끼게 하시니 이 또한 감사합니다.
'거리 두기'를 하면서 서로가 연결된 존재임을 깨닫고
서로의 존재에 감사하게 하소서.

다시 올 만남의 시간을 고대하며
지금은 성령의 소통하시는 능력에 기대게 하소서.
저희는 종려주일에 나귀를 타고 십자가 여정을 시작하신
예수님의 발자취를 마음에 담습니다.

사람들의 환호에도, 배반에도 동요 없이
자신의 길을 재촉하신 용기 있는 예수님을 따르고 싶습니다.

사람과 하나님 앞에서 자기를 낮추고 끝까지 겸손하신
예수님이 저희 구원자이심을 고백합니다.
저희로 겸손을 체득하게 하소서.
낮은 곳으로 사다리를 타고 한 걸음 더 내려가는 저희 되게 하소서.

볼품없는 새끼 나귀 타신 예수님 이름으로 기도드립니다. 아멘.

스물넷.

사랑이신 하나님,

사순절 고개를 넘어 고난의 정점, 십자가로 나아갑니다.

저희 주일예배는 여상하지만,
감사의 마음은 오늘도 새롭습니다.

사람과 하나님이 만나는 자리, 십자가를
저희에게 선물로 주셔서 감사합니다.

십자가를 통해 고난의 신비 알게 하심도 감사합니다.

자기를 버리는 것만이 다른 이를 구원할 수 있음을
깨닫게 하소서.

십자가가 명예욕에 들뜬 영웅의 치기 어린 사건도 아니며,
착한사람 콤플렉스의 위선적 결단도 아님을 알게 하소서.

무엇보다도 사랑과 섬김의 사건임을 깨닫게 하소서.
십자가가 제자들의 발을 씻겨 주신 사건의 절정임을
깨달아 알게 하소서.

빠른 이해력과 수려한 말솜씨로 우쭐대는
모자란 저희를 가엾게 여겨 주소서.

저희 발을 씻겨 주시는 주님 앞에 겸손히 엎드리게 하소서.
저희도 고통으로 짓뭉개진 이웃의 발을 씻겨주게 하소서.
이웃의 발을 어루만지는,
삶으로서의 예배 지속하게 하소서.

예수 그리스도 이름으로 기도드립니다. 아멘.

스물다섯.

사랑이신 하나님,

세속의 시간은 하루하루 빠르게 봄날입니다.
교회의 시간은 죽음을 향해 하루하루
무거운 발걸음을 옮기는 사순절입니다.

세속과 교회에 걸쳐 살고 있는 저희에게
교회의 시간은 낯설고 어울리지 않는 억지 같습니다.

그나마 비가 오고 어두운 날에는
사순절이 저희 정서에 조금 녹아듭니다.

하지만 따뜻한 봄볕 아래
일상의 의무에 허덕이는 날에는
예수님의 십자가와 고통은 거의 잊히고 맙니다.

그럼에도 교회에서 조명하지 않으면
십자가와 고통, 절망의 의미는 묻혀버리기에
저희는 오늘도 사순절을 붙듭니다.

인정과 추앙이 아니라 배반과 굴욕을 통해,
영광된 삶이 아니라 비참한 죽음을 통해
모든 이를 구원한다는 생의 진실을 외면할 수 없어
저희는 여전히 사순절을 붙들고 삽니다.
이 역설을 믿기에 저희는 오늘도 사순절을 살아갑니다.

저희는 기쁨보다 슬픔이 많은 생을 살아가기에,
바닥으로 내려가는 가파른 내리막길을 걷기에
저희에게 사순절은 의미이고 감사입니다.
사순절을 주신 하나님, 참 감사합니다.

그리스도 예수님 이름으로 기도드립니다. 아멘.

스물여섯.

사랑이 가득하신 하나님,

사순절 마지막 주,
주님의 은혜가 아니면 살 수 없는
연약한 저희를 불러 모아 주셔서 감사합니다.

올 사순절을 통과하면서
다양한 모습으로 고통받는 사람들을 묵상했습니다.

예수님이 이런 고통 한가운데 계시며,
그 고통을 당신 등에 지고 계심을 깨달았습니다.

저희도 마음속 깊이 자리 잡은
지배 욕망과 허세를 덜어내고
이웃의 고통에 대한 기억과 공감으로 채우게 하소서.

은혜로우신 하나님,

십자가의 길이 멀기만 한 저희에게 역사하셔서
서로가 서로를 격려하며
참 신앙의 길 걸어가게 하소서.

나태함과 두려움을 이겨 낼
독려의 신앙 공동체 만들어 가게 하소서.

예수 그리스도 이름으로 기도드립니다. 아멘.

스물일곱.

외로우신 하나님,

오지 않을 듯 애 태우던 봄날이
저희 가운데 들어와 자리 잡은 주일 아침,
예배의 자리로 불러 주신 은혜에 감사드립니다.

나의 잘못됨에 대한 성찰과
이웃의 고난에 대한 묵상은
이미 익숙해져 무의미해진
신앙적 화두가 되어버렸습니다.

이런 저희 무심함 앞에서
주님은 얼마나 외로우십니까.

저희로 사순절의 신비를
이미 알고 있는 슬픔의 진부한 이야기로
치부하지 않게 하소서.
매번 새롭게 깨닫게 하시고,
날마다 조금씩 깊어지는 신앙인 되게 하소서.
초라한 모습으로 예루살렘에 입성하시는
주님을 따라가는 저희를 칭찬해 주소서.

주님을 따라가다 힘센 사람을 만나면
한없이 왜소해지는 저희를
하나님 어깨 위에 세워 주소서.

하여 남들이 보지 못하는 하나님 나라
똑똑히 보게 하소서.

못난 나귀 타신 예수님 이름으로 기도드립니다. 아멘.

스물여덟.

사랑과 은총이 가득하신 하나님,

한 자리에 모여 하나님 앞에 머리를 숙일 수 있게 하시니
참으로 감사합니다.

생김새도 다르고, 성격도 다르고, 관심도 모두 다르지만
그리스도인이라는 이름을 얻게 하시고
그리스도인의 특권을 누리게 하시니 참으로 감사드립니다.

이곳에 불러 주신 당신의 뜻을 물을 수 있게 하시고,
고요한 가운데 그 섭리를 깨달아 알게 하시고 감격하게 하소서.

고난 주간을 맞이하여,
저희들 예수님의 고난을 생각하며,
또한 세상에 많은 고난당하는 이들을 기억하게 하소서.

빈궁에 처하여 고난당하는 이들을 기억하셔서,
물질의 궁핍함으로 삶 전반이 왜곡되지 않도록 도와주시고,
좀 더 가진 사람들이 그들의 빈궁을 나누어 책임지게 하소서.

마음에 상처가 많아 고통받는 사람들을 위로하시고,
저희로 하여 그들의 이야기를 들어주고,
위로할 시간과 마음을 낼 수 있게 좀 더 여유로워지게 하소서.

고난의 현장에 하나님께서 함께하시는 것처럼,
저희의 시선도 세상의 절망과 고통이 있는 곳에 머물게 하시고,
하나님 지극히 작은 자들의 손을 붙잡아 주시듯,
저희도 여러 가지 이유로 아파하는 사람들에게 손 내어 밀게 하소서.

이번 주에는 무엇보다도,
나 자신의 사무치는 의로움 때문에
누군가 아파하고 있지는 않은지 성찰하게 하시고,
참회의 심정으로 기도하게 하소서.

예수 그리스도 이름으로 기도드립니다. 아멘.

스물아홉.

사랑이신 하나님,

저희로 십자가 아래서,
되돌아보고 뉘우칠 줄 아는 그리스도인 되게 하셔서 감사합니다.

저희로 십자가의 도를 부끄러워하지 않게 하시되,
부끄러움을 아는 그리스도인 되게 하소서.

저희로 십자가의 도에 스스로를 매어 놓게 하시되,
너그럽고 자유로운 그리스도인 되게 하소서.

다른 이를 고통과 고민의 포로가 되게 하기보다는
외려 다른 이들을 자유케 하는 참 사람 되게 하소서.

때로 그리스도를 위하여 즐거이 비천에 처하되,
세상을 향하여 당당하게 하소서.

십자가의 도가 어떤 이들에게는 미련한 것이지만
저희에게는 하나님의 능력임을 확실히 믿게 하소서.

십자가에 달리신 예수님 이름으로 기도드립니다. 아멘.

서른.

십자가에 달리신 하나님,

예배의 자리로 불러 주셔서 감사합니다.

자신만 위해 살아가던 저희로
하나님을 경배할 수 있게 하심이
큰 은혜임을 고백하게 하소서.

오늘 예배의 자리에서 겸손을 알게 하시고,
이 세상을 살아가는 이유도 깨닫게 하소서.

넘어야 할 인생의 언덕이 아직 많이 남아 있지만,
자주 지쳐 삶이 고달프게만 느껴집니다.
그래서 대충 넋 놓고 살아갈 때가 많습니다.
눈앞에 놓인 과제들과 서둘러 개입해야 할 일들을
모른 체하며 눈감기도 합니다.

이웃의 가슴 아픈 문제도, 가족의 눈물까지도
나 아닌 누군가가 해결하길 기대하기도 합니다.

저희의 나약함과 무심함을 불쌍히 여겨 주소서.

세상의 고통에 대해 죽기까지 책임지신 하나님,

저희도 내 자신의 책임 기꺼이 감당하게 하소서.

소심함과 욕심 때문에 책임지지 않으려는
저희의 부족함을 꾸짖어 주소서.

언제 어디서나 책임적 존재로 살아가게 하소서.

예수 그리스도 이름으로 기도드립니다. 아멘.

5. 부활절:

부활, 마른 가시나무에 움튼 싹

하나.

사랑이신 하나님,

따뜻한 봄날을 맞이하게 해 주셔서 감사합니다.
햇살의 따스함에 움츠렸던 어깨도 곧게 펴집니다.

하나님 앞에 달려 나온 저희에게
햇살처럼 따스한 은총을 베풀어 주셔서
부활의 기쁨 누리게 하소서.

막연한 두려움과 걱정으로 구겨진
저희 영혼의 주름살도 펴지게 하소서.

신앙은 밑도 끝도 없는 낙관과 잇닿아 있음을
기억하게 하시고,
모든 생의 염려와 근심을 십자가 앞에 내려놓게 하소서.

새털처럼 가벼워진 어깨로 오늘을 즐거이 살게 하시고,
생의 만족을 깨달아 알게 하소서.
감사로 충만한 현재를 살게 하소서.

그저 인간적인 욕심으로 정해 놓은 목표점에
스스로를 붙들어 매는 어리석음을 범하지 않게 하소서.

눈부신 내일의 신기루를 쫓기보다
지금 여기에서 잔잔한 기쁨을 찾게 하소서.

예수 그리스도 이름으로 기도드립니다. 아멘.

둘.

사랑이신 하나님,

부활의 기쁨은 순간에 지나가고
다시 차가운 절망의 달, 4월입니다.

오늘도 어김없이 불러 주셔서
예배당에 나와 무릎 꿇게 하시니 감사합니다.

좁쌀만 한 인품에 목은 곧고 오만한 저희를
주님의 자녀 삼아 주셔서 참 감사합니다.

저희의 말과 표정과 눈빛으로
이웃을 친절하고 따뜻하게 품게 하소서.

저희의 사나운 눈빛과 무심한 표정이
다른 이를 아프게 할 수 있음을 깨닫게 하소서.
퉁명스런 말 한마디로
이웃의 아픈 곳에 다시 생채기 내지 않게 하소서.

앞선 사람은 뒤에 오는 사람을 기다릴 수 있게 하시고,
뒤에 오는 사람은 앞선 사람을 기쁘게 따를 수 있게 하소서.

외롭고 상처받은 영혼들이 모인 곳이 교회임을 깨닫고,
하나님의 은총 안에서 서로 연합하게 하소서.

교회 안에서만큼은 고슴도치도 끌어안는
크고 깊은 사랑 품게 하소서.

예수 그리스도 이름으로 기도드립니다. 아멘.

셋.

사랑이신 하나님,

온 세상 만물이 피어나는 봄날을 맞이하게 하시니
감사합니다.

이 시간 아름다운 날을 함께 누리지 못하는 이들을 기억합니다.
자신이 봄날이며 푸르름이었던 그들이
차가운 주검이 되었고,
그들의 친구와 가족은
스스로를 절망의 어두움에 묻어 버렸습니다.

참혹한 2년, 얼마나 더 어두운 바닥을 헤매어야
실낱같은 빛이라도 찾을 수 있겠습니까.

그들에 대한 공동 책임을 묻고 계신 하나님 앞에
저희는 많이 부끄럽습니다.

하늘을 향해 곧게 뻗은 나무처럼
저희 삶의 지향도 올곧게 하시며,
세상살이의 달콤한 유혹 가운데서도
선한 삶의 의지를 꺾지 않게 하소서.

저희에게 부여된 이 시간이
누군가에겐 그토록 맞이하고 싶던 순간임을 깨닫고
정성을 다해 살아가게 하소서.

짧은 시간에 결론이 나지 않아도
멀리 바라보고 깊이 생각하는
참 사람 되게 하소서.

이런 저희의 사람됨이
보다 아름다운 세상을 떠받치는
든든한 기둥 되게 하소서.

예수 그리스도 이름으로 기도드립니다. 아멘.

넷.

생명이신 하나님,

부활을 통해
고통스러웠던 예수님의 삶이 옳았음을
입증해 주셔서 감사합니다.
죽음이 끝이 아니었음을,
그분의 삶과 행적이 실패가 아니었음을
부활로 선포해 주셔서 감사합니다.

그리스도의 부활은
삶과 죽음, 성공과 실패, 빛과 어두움, 전통과 혁신의
이항 대립적인 틀을 깨는 사건임을 고백합니다.

부활을 믿는 저희로 이 갇힌 일상 속에서도 부활을 경험하게 하소서.
익숙한 삶의 방식으로 달리는 관성의 철길을 벗어날 힘을 주소서.
뼛속까지 성찰이 녹아들도록 저희에게 부활의 빛 비추어 주소서.

걸음을 잠시 멈춰 서서 가장 파편화된 듯 여겼던 세상이
실제로 가장 연결된 사회였음을 깨닫게 하소서.

저희가 자신과 인류 공동체의 생존을 위해
무엇을 해야 할지 묻게 하소서.
교회가 순식간에 타인에게 위협을 가할 집단이 된 오늘,
저희는 어떤 신앙 공동체가 되어야 할지 고민하게 하소서.

질문하고 고민하는 저희와 함께하여 주소서.
세상이 염려하지 않는 교회,
교회를 사랑하되 교회 안에 갇히지 않는 신앙 공동체,
단순 소박한 삶의 준거집단이 되는 교회,
세상에 뿌려질 참 보기 드문 알곡들이 그득한 교회.
이런 교회가 되는 새로운 여정 이제 시작하게 하소서.

부활하신 그리스도 예수 이름으로 기도드립니다. 아멘.

다섯.

사랑이신 하나님,

지난 한 주도 비일상의 일상을 큰 탈 없이 살게 하셔서 감사합니다.
나라의 큰일도 무사히 지나가게 하셔서 감사합니다.

약한 자를 들어 강한 자를 부끄럽게 하시는 하나님 역사를
이 나라를 통해 이루소서.
앞에 나선 이들이 가진 것 없는 사람들 앞에서
부유함을 자랑하지 않게 하시고,
힘없어 주눅 든 사람들 앞에서 권세를 뽐내지 않게 하소서.
불의 앞에 의협심을 드러내게 하시되
자기 안의 불공정도 엄히 살피게 하소서.
번드르르한 말보다 공감하는 마음과 묵묵한 행동으로
자신의 진정성을 입증하게 하소서.

생명이신 하나님,

그리스도의 부활로 저희에게 새로운 길을 보여 주셔서 감사합니다.
절망으로 그리스도의 역사가 끝나지 않음을
알게 하신 은혜도 감사합니다.
삶의 푯대를 잃고 절망에 빠진 제자들에게 나타나
그들로 새로운 여정을 걷게 하신 은혜를 저희에게도 베풀어 주소서.

깊고 지루한 절망감에 시달리는 저희에게도 부활의 빛 비추어 주소서.
문득 손님처럼 찾아오는 우울감에 당혹스런 저희에게도
부활의 증거 갖게 하소서.
저희 일상을
부활하신 그리스도와 더불어
대화하고 먹고 마시며 살아가게 하소서.

주님만이 이제와 또 영원히 함께하심을 체험하게 하소서.

부활하신 예수님 이름으로 기도드립니다. 아멘.

여섯.

〈세례식이 있는 주일〉

사랑의 하나님,
오늘 우리 교회에 거룩한 성례전을 통하여
새로운 세례 교인들을 세워 주실 것을 감사합니다.
주께서 부르신 이 종들이,
그 부르심에 합당한 삶을 살아가게 하시고,
이 땅에 사는 그날까지 오직 주님께 진실하게 하소서.

자비로우신 하나님,
저희 교회의 하늘 가족들,
오늘 세례식을 예견하며,
저마다 자신의 세례를 기억하게 하시고,
하나님에 대한 처음 사랑을 기억하게 하신 은혜에 감사드립니다.

하나님에 대한 사랑으로 죽기까지 순종하여
마침내 부활에 이르신 예수님 기억하며,
저희로 하나님에 대한 처음 사랑을 회복하게 하시고,
순종의 삶으로 인도하여 주소서.

능력의 하나님,
식탁의 자리에서
부활하신 예수님을 체험한 제자들처럼,
오늘 세례받는 교우들이
먹고 마시는 일상의 자리에서

주님의 현존을
느낄 수 있는 성숙한 신앙인이 되게 하소서.
부활을 믿는 저희로
상식 수준의 얄팍한 믿음이 아니라
상식을 훌쩍 뛰어넘는
우직하고 이상적인 신앙의 최고 경지를 향해 달려가게 하소서.

몸소 세례받으시고,
세례받은 이의 모범으로 살아가신
예수 그리스도 이름으로 기도드립니다. 아멘.

일곱.

〈세례식이 있는 주일〉

사랑의 하나님,

오늘 거룩한 세례를 통하여
새로운 세례 교인들을 세워 주시니 감사합니다.

주께서 부르신 이 어린이들이,
신앙 안에서 잘 자라나게 하시고,
이 땅에 사는 그날까지 오직 주님께 진실하게 하소서.

이 어린이들에게
대가를 바라지 않고 이웃에게 베풀 수 있는 마음과 물질도 허락하시고,
하나님 나라와 그 의를 위하여 충성하게 하시며,
땅 끝까지 그리스도 예수를 증거 하게 하소서.

이들이 머무는 곳엔 늘 천국이 이루어지게 하소서.

자비로우신 하나님,
오늘 세례식을 통하여 저마다 자신의 세례를 기억하게 하시고,
하나님에 대한 처음 사랑을 기억하게 하신 은혜에 감사드립니다.

하나님에 대한 사랑으로 죽기까지 순종하여,
마침내 부활에 이르신 예수님 기억하며,
저희로 하나님에 대한 처음 사랑을 회복하게 하시고,

순종의 삶으로 인도하여 주소서.
세상의 모든 곳에 계신 하나님,
식탁의 자리에서 부활하신 예수님을 체험한 제자들처럼,
먹고 마시는 일상의 자리에서
주님의 현존을
느낄 수 있는 성숙한 신앙인이 되게 하소서.

성찬의 은혜를 경험한 교우들,
이제와 또 영원히
하나님의 동행을 감사하면서,
세상의 모든 편견과 선입견을 뒤엎고
영광 중에 부활하신
예수님 기억하며,
좌절과 절망이 우는 사자처럼 달려드는 세상 속에서
부활의 소망을 붙들고
더욱 용기 있는 그리스도인으로 살아가게 하소서.

칠흑같이 어두운 세상에서
새벽을 깨우는
찬란한 빛으로 살아가게 하소서.

예수 그리스도 이름으로 기도드립니다. 아멘.

여덟.

사랑이신 하나님,

따뜻한 봄날을 맞이하게 하셔서 감사합니다.
햇살의 따스함에 움츠렸던 어깨도 곧게 펴집니다.

하나님 앞에 달려 나온 저희에게
햇살처럼 따스한 은총 베풀어 주셔서
부활의 기쁨 누리게 하소서.

막연한 두려움과 걱정으로 구겨진
저희 영혼의 주름살도 펴지게 하소서.
신앙은 밑도 끝도 없는 낙관과 잇닿아 있음을 기억하게 하시고
모든 생의 염려와 근심은 십자가 앞에 내려놓게 하소서.

새털처럼 가벼워진 어깨로 오늘을 즐거이 살게 하시고
만족을 알게 하소서.
감사로 충만한 현재를 살게 하소서.

그저 인간적인 욕심으로 정해 놓은 목표점에
스스로를 붙들어 매는 어리석음을 범하지 않게 하소서.

눈부신 내일의 신기루를 쫓기보다
지금 여기에서 의미를 찾게 하소서.

예수 그리스도 이름으로 기도드립니다. 아멘.

아홉.

사랑의 하나님,

새로운 한 주를 맞이하게 하시니 참 감사합니다.

제한된 시간을 살아가는 저희로
순간순간을 소중히 여기며
의미 있게 살아가게 하소서.

하나님의 한결같은 사랑을 기억하면서
나의 이익만 생각하는 저희 모습을,
남보다 더 누리지 못해 발버둥 치는 저희 모습을
부끄러워할 줄 알게 하소서.

내가 받은 상처만 안타까워하며
받은 대로 갚아줄 보복의 때를 기다리는
저희의 옹졸함을 벗어던지게 하소서.
저희로 일흔 번씩 일곱 번이라도
용서할 수 있는 너른 마음을 허락하시고,
받은 상처를 쉬이 망각하게 하소서.
하나님의 크신 사랑을 내려받아
남의 심정을 헤아리며
따스한 마음으로 살게 하소서.

능력과 지혜를 지니게 하시되
무엇보다도 착하고 진실한 인품을 갖추게 하소서.

사회와 교회의 미래를 위해
멀리 바라보고 깊이 생각하는
하나님의 사람 되게 하소서.

예수 그리스도 이름으로 기도드립니다. 아멘.

열.

사랑이신 하나님,

한반도에 봄날을 허락하셔서 감사합니다.
가슴 졸이며 수많은 다툼의 겨울날들에 쌓아 온
평화를 갈망하는 기도가
가을에는 마침내 풍성히 열매 맺게 하소서.
이 봄날처럼 교우들도 따스함과 밝음을 지니게 하소서.

과거의 작은 성취에 미련을 두고 자꾸만 뒤돌아보고 싶을 때
가야 할 먼 곳을 바라보다 미리 지쳐 버릴 때
지금 여기에 굳건히 서게 하소서.

터질 듯한 기쁨을 기대하기보다는
일상의 사소하고 잔잔한 기쁨에 만족할 줄 알게 하소서.
단순하고 소박한 삶에서
진실하고 감동적인 메시지를 읽어 내는
예민한 감성을 연마하게 하시되,
크고 강하고 많은 것이 좋다는 신화에 속지 않을
차가운 이성은 더욱 날카롭게 하소서.

삶의 과정 속에 다가오는
피할 수도, 즐길 수도 없는
어려움과 고통의 시간들이 있을지라도
그 시간들과 더불어 내 삶의 깊이도, 한 뼘 깊어진다
스스로를 위로할 줄 아는 여유도 지니게 하소서.

예수님 이름으로 기도드립니다. 아멘

열하나.

정의이신 하나님,

언 땅을 녹여 주시고
따뜻한 봄날을 맞이하게 하셔서 감사합니다.
기쁨으로 노래하며 예배드리게 하심도 감사합니다.

어둠이 빛을 이길 수 없다는 진리를
확인케 하신 은혜도 감사합니다.
정의로우신 하나님의 존재를 회의하고
멈추어 서서 뒤를 돌아보던 저희로
다시금 가던 길을 계속 걷도록
희망을 불어넣어 주신 은혜에 감사합니다.

더딘 듯 제자리걸음인 듯 지루한 나날들이
되돌아가는 수레바퀴는 아니었음을 알게
하신 것도 당신의 은혜입니다.

역사와 하나님 나라를 향한 저희 눈물이
춤이 되게 하셔서 감사합니다.
저희로 하나님께서 맡겨 주신 세상의 주인으로
살아감의 가치를 지켜 내게 하시고
많은 이의 피땀 어린 희생이
오늘의 진보를 이루었음을 기억하게 하소서.

서로 다른 가치를 추구하는 사람들이
자신들의 신념을 지켜 내고자
분열하고 대립하는 현실 속에서
결국은 미움과 저주로 끝나지 않게 하시고
함께 사는 방식을 고민하게 하소서.
공존의 미학을 연습하는 저희가 되게 하소서.

지금 여기서 하나님 나라를 연습하게 하소서.

예수 그리스도 이름으로 기도드립니다. 아멘.

열둘.

〈4월 20일 장애인의 날〉

사랑이신 하나님,

저희 교우들,
맑고 푸른 날을 자유롭게 살아가게 하셔서 감사합니다.
봄볕에 나른했던 몸이
꽃샘 바람을 맞아 긴장감을 맛보는 것도 참 좋습니다.

저희가 모든 것을 다 가진 듯 풍요롭지는 않을지라도
스스로의 결정에 따라 선택하고 살아갈 수 있어서 참 감사합니다.
모든 것을 완벽하게 내 멋대로 내 맘대로 하지는 못할지라도,
원하는 곳에 가고, 원하는 것을 먹고, 원하는 사람을 만나고,
원하는 일을 할 수 있어서 참 고맙습니다.

저희에게 당연하고 자연스러운 일처럼 여겨졌던 일들이
누군가에게는 쉽지 않은 일임을 알게 될 때,
저희는 아 나는 다행이다, 부끄럽게도 감사를 입에 올리게 됩니다.

동시대에 같은 인간으로 태어났지만,
신체에, 정신에, 발달에 장애가 있다는 이유로,
버림받고, 편견과 차별에 시달리는 사람들을 기억합니다.
마땅히 누려야 할 권리를 빼앗겨 버린 사람들을 위로하여 주소서.

아! 하나님,
저희가 너무나도 무심한 사람은 아닌지 묻고만 싶습니다.
그들은 왜 안전한 곳에 머물지 않고 불편을 무릅쓰고,
길가를 배회하는지 물으며,
길에서 마주치는 장애인을 낯설어 하며,
슬쩍 고개를 돌렸습니다.
그들도 저희와 똑같이 친구를 만나고 싶고,
공부하고 싶고, 자유를 누리고 싶어 하는
이웃이라는 것을 생각하지 않았습니다.
저희로 선입견과 편견 가득한 눈으로
장애인을 바라보지 않게 하시고,
한걸음 더 나아가 장애를 지닌 이웃을 사랑하게 하소서.

저희 그리스도인이
장애를 지닌 이웃과 소외된 사람들에게 관심을 갖게 하시고,
저희가 만들어 갈 아름다운 세상에는
장애인 비장애인 모두 함께
자유로운 주인으로 참여하게 하소서.
저희가 후한 사랑의 손길을 펼칠 때,
저희 삶도 더욱 풍요로워지게 하소서.

예수님 이름으로 기도드립니다. 아멘.

열셋.

위로이신 하나님,

4월은 가슴 아픈 달, 저희에게 어서 오소서.
60년 전, 6년 전 반복된 어린 학생들의 희생으로 저희가
더 민주적이고 더 안전한 세상에 살고 있음을 잊지 않게 하소서.
저희 기억 속에서 앳되고 고운 모습 영원히 살게 하소서.

사랑이신 하나님,

휘몰아치던 감염병의 소용돌이 속에서도
담담한 일상을 살게 하신 은혜 참 감사합니다.
병은 확산을 멈추는 듯하지만 저희는 모든 일에 삼가고 조심하며
이 경계의 시간을 은총이라 여기게 하소서.

인간이 이룩한 체계가 얼마나 부서지기 쉬운 것이었는지,
인간이 얼마나 무력한 존재인지 깨닫게 하신 은혜도 감사합니다.
저희로 자중과 인내를 알게 하시고
침잠 속에서 더욱 충만한 일상의 기쁨 맛보게 하소서.

그리스도의 몸 된 교회가
세상에 갈등을 야기하는 몹쓸 존재로 전락하지 않을까
염려하며 기도하게 하소서.
한 사람의 그리스도인이 교회인 것을 잊지 않게 하셔서
가정과 일터에서,
이웃과의 삶에서

화해의 존재로 살아가게 하소서.
하여 세상이 저희가 하나님의 자녀임을 알게 하소서.
부활하신 주님이 주신 선물인 평안을
저희도 주변에 선물하며 살아가게 하소서.

그리스도 예수님 이름으로 기도드립니다. 아멘.

열넷.

〈어린이주일〉

자비이신 하나님,

지난 주간 저희가 되찾은 일상에 안도하는 동안
누군가는 열악한 노동의 자리에서 스러져갔습니다.
한 치 앞을 모르는 게 인간이라지만
반복을 통해 학습할 줄 아는 것도 인간이 아닙니까.
생명의 존엄을 지키는 일에서 철저하지 못한
저들의 무능과 무례를 용서치 마소서.
지켜보는 눈의 집요함을 놓쳐 버린 저희도
하나님 앞에 죄인이 아닙니까.
주여, 저희를 불쌍히 여기소서.

사랑이신 하나님,

저희를 '홀로'가 아니라 '서로'의 존재이게 하신 은혜 감사합니다.
세대를 가로질러 그물처럼 얽혀있는 인간 관계는
하나님이 주신 저희 삶의 자리가 아닙니까.
어린 이웃을 저희 손에 맡겨 주시고
부모 노릇 하게 하신 은혜 감사합니다.
맡겨 주신 이 역할을 충실히 감당하며
어린 이웃이 하나님 나라 일꾼으로 자라나는 데 힘을 보태고 싶습니다.
저희로 방임과 자유의 경계, 집착과 사랑의 경계를 성찰하는
어른이 되게 하소서.

저희에게 맡기신 하나님의 자녀,
어린 이웃을 정성으로 섬기게 하소서.

그리스도 예수님 이름으로 기도드립니다. 아멘.

열다섯.

〈가정주일〉

사랑이신 하나님,
저희에게 돌봄의 미학을 깨우쳐 주셔서 감사합니다.
5월에 저희는 가까이 있기에
그 존재의 의미를 깨닫지 못했던 이웃을 돌아봅니다.

삶의 여정에서 저희에게 맡겨 주신 역할이 있지만,
저희는 처음 겪는 일이라 미숙하기만 합니다.
주어진 역할에 따라 나름대로 잘해보려고 했지만,
이웃의 마음을 헤아리기보다
저희 좋을 대로 잘해 주었습니다.

돌이켜보면 이웃에게 얼마나 많은 실수와 상처를 남겼는지
헤아릴 수가 없습니다.
저희로 인해 노여웠을 저희 이웃을 위로하소서.

어린 이웃에게는 이해를 구하고 싶고
어른 이웃에게는 용서를 빌고 싶습니다.
어리석은 저희 불쌍히 여기소서.

모자란 저희에게 역할을 맡겨 주신
하나님의 은혜에 감사합니다.
그 역할대로 살면서
저희 존재의 근원이신 하나님과의 관계도 성찰하게 하소서.

저희를 향하여 안타까워하시는
하나님의 마음도 헤아리게 하소서.
나날이 깊어가는 신앙인으로,
나날이 성숙해 가는 인간으로
이웃을 돌보며 살아가는 일이
하나님께서 아름답게 만드신 창조의 섭리임을
고백하게 하소서.

그리스도 예수님 이름으로 기도드립니다. 아멘.

열여섯.

사랑이신 하나님,

한시도 마음을 놓을 수 없는 불안을 살고 있는
저희를 불쌍히 여기소서.
이 불안 가운데서도 오랜만에 한자리에 모이도록
인도하신 은혜 감사합니다.

예배당으로 인도하는 좁은 골목길은 여전하고,
교회 앞마당에 핀 꽃들도 여상하지만
함께하지 못한 교우들의 빈자리는 허전합니다.

모두에게 동일한 은혜 허락하소서.
입 가리고 주님 앞에 나아온 저희로
침묵 가운데 주님의 소리 듣게 하소서.

해야 할 말은 하지 못하면서도 정작 하지 않아도 될
수많은 소리를 쏟아냈던 저희가 아닙니까.
입 가려야만 하는 이 시간을 견디며
침묵 수련의 때라 여기게 하소서.

예상하지 못한 감염병의 여파로
초조해 하는 저희에게 자비를 베푸소서.
하루빨리 이전으로 돌아가고 싶지만
저희로 오래 참음도 배우게 하소서.

조급함에서 오는 초조함을 견뎌 낼 단단함을 허락하시고
한결같이 인내할 수 있는 내면의 힘도 부어 주소서.

지금이 바로,
성숙한 존재의 기초를 튼실히 할 때라 여기게 하소서.

그리스도 예수님 이름으로 기도드립니다. 아멘.

열일곱.

사랑이신 하나님

몇 사람이 모인 예배 자리에 동행해 주셔서 감사합니다.
보이지 않는 손길로 지금까지 보호하신 하나님 은혜 감사합니다.

삶은 늘 쉬운 듯 어렵지만, 자신을 소중히 여기며,
허락하신 날 동안 저희 자신을 지키며, 신앙을 지키며 살아가게 하소서.

그 무엇에도 종노릇 하지 않게 하시며, 자유인으로 살아가게 도우소서.
여러 가지 마음속 두려움을 이겨 내게 하시고
두려움을 가진 연약한 이들과 손잡게 하소서.

상처 많은 저희로 상처받은 마음들을 어루만지게 하소서.
세상 고통에 눈감지 않게 하시고
아주 조금 고통에 반응하는 저희 되게 하소서.

자신을 지키는 일은 고독하고, 신앙의 삶은 무너지기 쉬우나
삶의 모범이신 예수 그리스도 본받아
날마다 더욱 용기 있게 하소서.

그리스도 예수님 이름으로 기도드립니다. 아멘.

열여덟.

사랑이신 하나님,

맑고 푸른 하늘을 주셔서 감사합니다.
인생의 한 시절을
우리 교회에서 하나님을 예배하며 살아가게 하심도 참 고맙습니다.

잊을만하면 터져 나오는 이 땅의 대립과 긴장은
저희로 두려움에 떨게 합니다.
한 번도 경험해 보지 않은 세대에게 전쟁의 위험은
상상조차 하기 어렵습니다.
다만 막연한 멸절의 두려움 앞에 두 손을 놓고 있습니다.

저희를 불쌍히 여기소서.

평화이신 하나님,
저희 두 손을 하나님을 향하여 모으게 하시고,
이 땅의 위협적인 힘들에 대항하여
오직 하나님만을 두려워하게 하소서.

인간적인 해법이 부재할 때,
절망으로 결론을 내기보다
하나님의 능력을 믿을 때라 여기며
희망을 갖게 하소서.

세상이 절망을 당연한 것이라 여길 때,
저희로 전복적 희망을 이야기하게 하소서.

약한 자를 들어 강한 자를 부끄럽게 하시는
하나님의 자녀답게
희망 없음이 중론일 때,
두려움의 지배가 당연한 이치일 때,
저희는 평화에 대한 염원으로
하나님께 마음을 모으게 하소서.

이때가 저희 간절한 기도의 시간이라 여기게 하소서.

그리스도 예수님 이름으로 기도드립니다. 아멘.

열아홉.

사랑이신 하나님,

오늘도 저희는 당신을 사랑이라 불러봅니다.
지금껏 경험한 그 모든 것 가운데,
사랑이 좋은 것이라서,
사랑만이 남는 것이라서
당신을 사랑이라 부릅니다.

어김없이 저희를 예배의 자리로 불러 주셔서 감사합니다.

쉼 없이 변화하라는 세상의 종용을 등지고
골목길 따라 도달한 예배의 자리는
시간이 멈춘 듯 고요합니다.
이곳에서 영원이신 하나님을 만나게 하소서.

영원이신 하나님,

저희에게 정해진 시간을 주셔서 감사합니다.
시간의 흐름 따라 변화를 두려워 말게 하시되,
외려 저희 인간됨은 자라나고, 깊어지고, 성숙하게 하소서.

한 해 한 해 더 살면서, 지혜도 차근차근 자라나게 하시되,
얄팍한 관계의 기술을 삶의 지혜라 여기지 않게 하소서.

타인의 호의를 다른 뜻이 있는 마음으로
지레 짐작하지 않게 하시고,
바라는 것 없이, 아무런 의도 없이,
천진난만한 인생길 동무로 살게 하소서.
하나님을 향하여, 타인을 향하여
순수한 마음 지닌 인간이게 하소서.

그리스도 예수님 이름으로 기도드립니다. 아멘.

스물.

⟨어린이날의 기도⟩

사랑이신 하나님,

저희에게 생명을 주시고,
오늘과 같이 좋은 날을 허락해 주셔서 감사합니다.

낳아 주시고 길러 주신 부모님과
오직 사랑만 베푸시는 할아버지 할머니의 격려와 칭찬 가운데,
착하고 건강하게 잘 자라나게 해 주셔서 감사합니다.
교육 기관에서 좋은 선생님들 만나고,
다정한 친구들을 만나서 놀고 배우며
즐거운 시간을 보낼 수 있도록 인도하여 주셔서 감사합니다.

이 친구들을 그동안 때로 아프고, 슬픈 일 가운데서도 늘 지켜 주시고,
하나님을 대신하는 여러 선생님들과 부모님들의 손길 가운데
오늘을 맞이합니다.
지금까지 지내온 모든 것이 하나님의 은혜임을 고백합니다.
하나님 참 감사합니다.

이 친구들 모두를 늘 건강하게 지켜 주시고,
그 앞길이 편안하게 늘 인도하여 주소서.
때로 우리 친구들 어려운 일을 당할 때에도
그 걸음걸이에 함께해 주셔서,
너무 지치고 외롭지 않게 도와주소서.
우리 친구들이 어두운 길을 걸을 때면

하나님께서 밝은 빛으로 인도하여 주소서.

학교에서 좋은 친구들을 만나게 해 주시고,
몸이 자라나는 만큼 지혜도 자라나게 하시고,
마음도 넓어지게 해 주소서.

이 어린이들은 세상이 어둡다고 불평하기보다는
촛불하나 켤 수 있는
긍정적이고 적극적인 사람으로 자라나게 하소서.
이웃을 사랑하는 착한 사람,
세상의 빛이 되는 아름다운 사람,
바르고 옳은 것을 찾는 진실한 사람으로 자라나게 하소서.

그동안 키워 주시고 돌보아 주신 부모님과
선생님들을 위로하여 주시고,
된 사람으로의 교육에 최선을 다하되,
인간의 부족함을 깨닫고 온전히 하나님께 맡기는
기도하는 교육자가 되게 하소서.

우리 친구들은
언제 어디서나 자신들이
세상에 둘도 없는 소중한 존재임을 기억하게 하소서.
우리 친구들은 언제 어디서나,
자신들이 하나님의 자녀임을 기억하게 하소서.

어린이의 친구 되시는 예수님 이름으로 기도드립니다. 아멘.

스물하나.

〈어린이날의 기도〉

사랑이신 하나님,

온 맘과 온몸으로 주님을 찬양합니다.

저희로 주님 사랑 본받게 하소서.
슬픈 어린이들의 숨죽인 탄식 듣도록
큰 귀 주소서.

상처 입은 어린이들의 초점 없는 눈 마주하도록
사랑 가득한 눈 주소서.

여린 어린이들의 굳어 버린 마음 녹이도록
부드러운 입 주소서.

절망한 어린이들의 떨리는 손 잡게 하소서.

세상이 저희가 하나님 자녀임을 알게 하소서.

그리스도 예수님 이름으로 기도드립니다. 아멘.

스물둘.

〈어버이날 기도〉

사랑이신 하나님,

이곳에 모인 저희에게 생명 주셔서
세상 속에서 살아가게 하신 은혜에 감사드립니다.

오늘 저희 존재의 뿌리는 이 땅의 어머니와
하늘의 하나님께 닿아있음을 고백합니다.

그러나 무엇보다도 먼저 오늘은 어느 시인의 고백처럼
어머니의 고통 속에 생명을 받아
이만큼 자라온 날들을 깊이 감사할 줄 모르는
저희의 무례함을 용서받고 싶습니다.

세상에서 가장 짧은 기도는 엄마라는 말이 진실인 듯
저희는 아쉽고, 안타깝고, 슬플 때마다
나의 요청에 응답하라고 엄마, 어머니, 어머님을 불렀습니다.
하지만 엄마를 내가 사랑해야 할 이웃으로는
미처 생각하지 못했습니다.
어머니를 한 인간으로서 깊이 이해하려 하지 않았습니다.

저희 신심이 깊어가듯,
저희 인간됨도 성숙하게 하시고,
이웃에 대한 이해와 사랑도 깊어지게 하소서.

그리고 가장 가까운 이웃인 가족과
그 한가운데 계신 어머니에 대한 인간적인 이해도 무르익게 하소서.

가까이에 있어서 놓쳤던 소중한 것을
새롭게 발견하고 감격하게 하소서.

예수님 이름으로 기도드립니다. 아멘.

스물셋.

사랑이신 하나님,

높푸른 하늘과 따사로운 햇살을 누리게 하신 은혜에 감사합니다.
혈연으로 맺어진 가족을 갖게 하심도
그 가족의 배타적 울타리를 훌쩍 넘을 수 있는
보편적 인간사랑의 신앙을 갖게 하심도 감사합니다.

한 때 영원할 것 같은 팽팽한 젊음의 육체도
패기만만해 거만한 젊음의 마음도
모래처럼 꼭 쥔 주먹을 빠져나감을 알게 하소서.

변화 앞에 무력한 저희로 시간을 거스를 수 없음을 깨닫게 하소서.
젊음은 사라지지만,
그래도 살아온 날들의 경험이 남음을 감사하게 하소서.

무수한 지식을 쌓지만, 기억력과 더불어 휘발된 후,
삶의 지혜로, 세상을 바라보는 관점으로 남음을 감사하게 하소서.

지혜이신 하나님,

저희로 삶의 경륜과 지혜를 자랑하지 않게 하소서.
하나님 나라에서는 그저 동무일 뿐인 다음 세대를 향해
자신의 경험과 작은 성취에 취한 채
훈계를 즐겨하지 않게 하소서.
다만 묵묵히 어른답게 행동하게 하시고,

신앙의 모범이 되게 하소서.
다만 자애로운 인간으로서의 깊이를 더해 가게 하소서.
나이를 더하면서 인간됨의 품격이 더해지게 하소서.

예수님 이름으로 기도드립니다. 아멘.

스물넷.

사랑과 은총 가득하신 하나님,

눈이 부시게 청명한 날들을 주셔서 감사합니다.
저희에게 생각할 수 있는 이성과 성찰의 능력 주셔서 참 감사합니다.
이 좋은 날에 참 자아를 찾아가는 성찰의 시간 갖고 싶습니다.
잘 살고 있는지 한 번쯤 되짚어보고 싶습니다.

나에 대한 집착과 욕심에 사로잡혀,
나만의 굴레에 갇혀 살지는 않았는지 되돌아봅니다.

나 자신을 있는 그대로 받아들이지 못하고,
못마땅해하고, 질시하지는 않았는지 되돌아봅니다.

저희를 불쌍히 여겨 주소서.

무심결에 쏟아낸 말들이
다른 사람의 마음을 아프게 하지는 않았는지,
가까운 사람이라고 믿거니 하면서,
예의 없고 분별없이 막말과 행동을 하지는 않았는지
싸늘한 눈빛으로 다른 이들을 괴롭게 만들지는 않았는지
되돌아봅니다.

저희를 불쌍히 여겨 주소서.

이웃의 아픔과 절망에 무관심했습니다.
어쩌면 우리가 원인을 제공하였을
세상의 크고 작은 문제들에 대해 냉담하였습니다.
우리가 기꺼이 감당해야 할 몫의 짐을 지는 일에
태만하지는 않았는지 되돌아봅니다.
눈앞의 이익에 눈 어두워 비겁하지는 않았는지 되돌아봅니다.
알게 모르게 지은 잘못들을 이 시간 당신 앞에 고백합니다.

하나님, 저희에게 자비를 베풀어 주소서.

사랑의 하나님,
저희의 허물을 바로 보게 하시고,
저희의 잘못을 인정할 수 있는 용기를 허락하소서.
자신의 내면을 깊이 들여다보고 성찰하는 가운데,
내면 더욱 단단해지게 하소서.
저희의 허물은 기억하지 마시고,
진정으로 참회하고 고백하는 저희 가는 길을
하나님께서 환하게 밝혀 주시고,
참 자유 맛보게 하소서.

예수 그리스도 이름으로 기도드립니다. 아멘.

스물다섯.

사랑이신 하나님,

형형색색 다양한 모습의 저희가 그리스도인이라는 이름으로
함께 모일 수 있어서 참 감사합니다.

이곳에서 오래전 신앙의 선배들이 그러했던 것처럼
지금, 이 시대를 살아가는 저희도 그리스도인 됨을 연습하게 하소서.

지금 여기서 바삐 가던 걸음 잠시 멈추고,
자신을 되돌아보는 시간이 되게 하소서.
나는 왜 뛰어가는지, 어디를 향해 가고 있는지,
혹시 소중한 것을 잊고 살아가는 것은 아닌지
묻고 또 묻게 하소서.

한 해의 중간에 서 있는 저희에게
지나온 날들을 감사할 수 있는 너그러운 마음과
다른 사람들과 공감할 수 있는 따뜻한 눈빛을 주시고,
가벼운 주머니 사정에도 주눅들지 않을 당당한 어깨와
지금 당장은 앞날이 보이지 않아도 불안해 하지 않을
자신에 대한 굳은 믿음을 갖게 하소서.

재난 가운데 고통받는 이들을 위해 마음 모아 간절히 기도드립니다.
하늘의 위로와 땅의 도움으로 그들이 일상을 회복하게 하소서.

예수님 이름으로 기도드립니다. 아멘.

스물여섯.

〈성인의 날〉

사랑이신 하나님,

서로 모습과 생각은 다르지만,
각자가 처한 상황과 관심도 다르지만,
그리스도인이란 이름 아래
함께 생활하며 미래를 꿈꿀 수 있도록 기회 주시니 참 감사합니다.

지금 여기가 아니면, 할 수 없는 것들을 하게 하시고,
배워야 할 것을 배우게 하소서.
신앙의 선배들이 그랬던 것처럼,
저희도 도움이 필요한 누군가의 이웃이 되고 싶습니다.
시간과 물질, 귀 기울임과 관심을 그들을 위해 남겨 두고 싶습니다.
저희에게 내미는 타인의 손을 기꺼이 잡아 주게 하소서.

남을 제대로 사랑하기가 얼마나 어려운지요.
타인을 제대로 섬기기가 얼마나 어려운지요.
저희가 자신을 기꺼이 내어 주었다는 사실조차 기억하지 않게 하시고,
대가를 바라는 마음으로 시험에 들지 않게 하소서.

다른 이를 위해 애쓰다가 상처받거나 지치지 않게 하시고
허탈한 마음이 들지 않게 하소서.
하늘로부터 내리는 힘에 의지해 더욱 굳건하게
옳은 길, 참된 길, 착한 길 아름다운 길 걸어가게 하소서.

모두가 자신의 이익을 위해 친구를 사귀고
모두가 각자의 살길을 찾아 세상을 살아가는
각자도생의 시대에
오늘 당장 이익을 생각하지 않은 여기 모인
참 보기 드문 아름다운 사람들을 축복하소서.
저희에게 마음의 평안, 잔잔한 기쁨, 삶에의 열정, 굳은 의지,
일한 보람을 선물로 가득 부어 주소서.

저희 가는 곳마다 희망의 씨앗이 심기 우게 하시고,
저희 만나는 사람마다 미소를 잃지 않게 하소서.
사는 동안 저희 아무 탈 없이, 모두 건강하게 하소서.
함께하는 기쁨도, 봉사의 보람도, 살아가는 맛도 알게 하소서.

예수님 이름으로 기도드립니다. 아멘.

스물일곱.

사랑이신 하나님,

분주함과 번잡함을 뒤로하고
이렇게 예배하게 하시니 감사합니다.

지치고 힘들지만
일상을 살아낼 단단한 육체 주셔서 감사합니다.

괴로워하며 속 태우지만
일상을 성찰할 맑은 정신 주셔서 감사합니다.

아주 사소한 것부터 커다란 일까지
저희가 누리는 모든 것이 누군가의 도움 덕택임을
깨달아 알게 하소서.
고마운 마음으로 하루하루 살게 하소서.

나는 왜 누구처럼 이러저러하지 못할까,
너는 왜 나처럼 이러저러하지 못 하는가,
비교하고 시기하고 못마땅한 마음에서 벗어나게 하소서.

'가만히 눈을 감기만 해도,
말없이 누군가의 이름을 불러 주기만 해도,
노을이 질 때 걸음을 멈추기만 해도

기도하는 것'이라는 시인의 말처럼…
항상 기도하는 마음으로 정성스레 살아가게 하소서.

비록 가진 것 없지만 깨끗한 마음 품게 하소서.
내세울 것 없어도, 그저 착한 사람 되게 하소서.

그리스도 예수님 이름으로 기도드립니다. 아멘.

***   이문재의 시 "오래된 기도"에서 원용.

# 6. 성령강림절:
피조 세계의 거룩함을 느끼며

하나.

사랑과 은총이 가득하신 하나님,

저희를 예배당으로 발걸음 인도하여 주셔서 감사드립니다.
이 시간 허겁지겁 살아 내느라 지친 마음과 영혼을 달래 주소서.

기계와 물질문명과 마주 대하며 살아온 삭막한 저희 일상에
세상에 펼쳐진 하나님 창조 작품들은 얼마나 큰 위로가 되는지요.

성령 하나님께서 일깨워 주셔서
무심코 대해 온 동산의 꽃, 풀, 나무들도
사람 못지않은 훌륭한 하나님의 작품이란 것을 깨닫게 하소서.

오늘 문득 새로운 눈을 떠
그들이 우리와 더불어 함께 살아가는 귀한 생명이라는 것을
인정하게 하소서.

저희들 오랜 시간을 거쳐, 모진 풍파를 이기고 버티며 살아온
그 자연의 강인함과 초연함에 감격하게 하소서.

한 포기 들풀에도 '살아라' 하는 하나님의 뜻이 깃들여 있다는
고백을 하게 하소서.
저희의 깨달음, 감격, 고백이
하나님의 창조 세계를 돌보는 이로서의 지극한 정성으로
이어지게 하소서.

저희에게 맡겨 주신 이 동산 애써 가꾸고,
정성으로 돌보아, 자연과 더불어 평화 이루게 하시고,

하나님의 동산 안에 살아있는
모든 것들에 대한 찬미가 날마다 울려 퍼지게 하소서.

예수님 이름으로 기도드립니다. 아멘.

둘.

사랑이신 하나님,

평화로운 나날을 허락하셔서 감사합니다.
지금 누리는 이 평화가
누군가 처절하게 자기를 버린 대가임을 기억하게 하소서.
고마운 마음으로 지금 여기를 소중히 여기게 하소서.

그리스도인으로서 철저히 자기를 부인하고
예수님의 길 따르고 싶지만,
이상을 좇기에는 세상살이에 너무 매몰되어 있습니다.

성령이여, 저희를 이끄소서.
현실을 살아가되, 조금 다르게 살아가게 하소서.

예수 그리스도 이름으로 기도드립니다. 아멘.

셋.

사랑이신 하나님,

여름을 향해 달려가는 태양의 잉걸불 아래서도
선선한 바람으로 오셔서 열기를 달래 주시니 감사합니다.

지난 일 되돌아보면 어리석고 미련했던
저희 못난 모습이 떠오릅니다.
그때도 지켜봐 주시고 손잡아 주셔서
여기까지 오게 하신 것, 참 감사합니다.

6월은 가슴에 상처를 안고 살아가는 사람들을 위해
기도하는 달 되게 하소서.

보다 나은 세상을 위해 전 존재를 던진
먼저 간 이들의 희생에 감사하게 하소서.

저희는 누군가의 거룩한 희생으로 차려진 밥상에서
깊은 상처를 지닌 남겨진 사람들의 눈물을 반찬 삼아
꾸역꾸역 밥을 먹고 살아갑니다.

이 시간, 잘 산다는 것이 무엇인지 묻게 하소서.

이천 년 전 예수님처럼
이웃의 아픔 어루만지게 하소서.
이웃의 야윈 손잡아 주게 하소서.

따뜻한 말, 애정 어린 시선 건네는 걸 넘어
이웃의 떨리는 손 붙잡아 주게 하소서.
저희 연약함을 성령께서 도우소서.

그리스도 예수님 이름으로 기도드립니다. 아멘.

넷.

사랑이신 하나님,

주님 은총에 기대어 하루하루 살아가는 저희를
세상 속 작은 교회로 모이게 하심에 감사드립니다.

주님은 더위와 비를 피할 수 있는 예배당과
시원한 옷가지를 주셨습니다.

옆 사람의 체온을 두려워하지 않도록
냉방 시설도 허락하셨습니다.

예전보다 더 좋은 조건에서 예배드리고,
더 쾌적한 삶을 누리며,
더 넉넉한 밥상을 대하면서
이웃을 향한 저희 마음이 더 커졌는지
스스로에게 묻게 하소서.
예전보다 하나님을 향한 저희 신뢰의 굳건함이
더 단단해졌는지 자문하게 하소서.

지난겨울,
광장에서 에너지를 분출했던 저희로
이제는 평화로이 지켜볼 큰 눈을 허락하소서.

일상의 골방에서 저희 인간됨을 가꾸는데
관심을 모으게 하소서.

내면의 평화를 위해,
통합된 자아를 위해
내면의 싸움은 그 어느 때보다 치열하게 하소서.

끝내 하나님 편에 설 수 있는 신앙의 단단함
새록새록 자라나게 하소서.

그리스도 예수님 이름으로 기도드립니다. 아멘.

다섯.

사랑이신 하나님,

세상에 많은 나라가 있지만,
저희로 한반도 남쪽에 태어나게 하셔서 감사합니다.
이곳에서
민족이 갈라지는 아픔, 갈등과 대립의 팽팽한 긴장감을 겪게 하시고,
분단의 슬픔이 누군가의 힘을 유지하는 데 이용당하는
치욕도 겪게 하시니 감사합니다.
이런저런 아픔과 긴장감과 치욕 속에서
평화와 공존을 갈망하게 하시고,
인간이 중심되는 제도를 열망하게 하시니 감사합니다.

멀리서 들려오는 전쟁의 소문은 두려워할 줄 알면서도
우리 안에 감추어진 전쟁의 위험은 모른 척 살아온
저희의 무심함과 우둔함을 용서받고 싶습니다.

분단의 깊은 상흔을 지닌 이웃을 대면하지 않고,
슬쩍 눈을 돌려버린
저희의 매정함과 얄팍함을 용서받고 싶습니다.
민족, 분단, 통일, 평화는
다른 이들이 해결해야 할 문제라고 회피하고 살아온
저희의 뻔뻔함과 비겁함을 용서받고 싶습니다.

평화이신 하나님,

저희로 갈등과 대립의 긴장을 벗 삼아 살게 마시고,
화해하고 연합하는 기적을 경험하게 하소서.
당신이 이루실 참 평화로운 세상에 저희로 기꺼이 참여하게 하소서.

평화이신 하나님, 어서 오소서.

예수 그리스도 이름으로 기도드립니다. 아멘.

여섯.

사랑의 하나님,

하나님 없는 저희 삶의 비참함을 돌아보시어
성령 하나님을 보내 주시니
참으로 감사합니다.

소유욕과 질투로 얼룩진 저희로
인간의 사랑을 넘어서게 하시고,
하나님의 사랑에 감사하며
영원한 사랑을 꿈꾸게 하소서.
가족과 이웃과 교회 그리고 세상을,
마음과 정성 다해 사랑하게 하소서.

어떤 상황에서도 변덕 부리지 않고
하늘의 사랑을 이웃과 나눌 수 있게 하소서.
저희가 서로 사랑함으로써
성령 하나님을 느끼게 하소서.

이 땅에 존재하는 모든 것들이
하나님을 찬미합니다.

모든 피조물을 향해서도
저희가 좋은 이웃으로 살게 하시고,
만물을 통해 저희에게 말 건네시는
그 세미한 하나님 음성을 깨달아 알게 하소서.

햇살, 바람, 별빛, 시냇물 그리고 바람 소리 가운데
보이고 들려오는 성령 하나님의 움직이심을 느끼게 하소서.

저희를 위하여
말할 수 없는 탄식으로 기도하시는 성령 하나님을 찬미합니다.

어렵고 힘이 들 때,
살다가 지칠 때,
성령 하나님을 가까이 만나는 때라 여겨 위로받게 하시고,
고난이 내게 유익이라는 말씀 가슴에 새겨
하나님을 의지하게 하소서.

살면서 또 만날 수 있는 고난이나 슬픔도
모두 견뎌 이겨 내게 하시고
언제나 용감하게 하소서.

예수 그리스도 이름으로 기도드립니다. 아멘.

일곱.

사랑과 은총이 가득하신 하나님,

주일 아침, 주님 부르심에 응답하여 예배드리러 나왔습니다.
지난 한 주간도 저희를 지켜봐 주시고, 인도하여 주셔서 감사합니다.

지난 주간에
저희는 마치 하나님 모르는 사람처럼 말하고
행동하기도 하였습니다.
알게 또 모르게
여러 가지 이유로 힘들고 지친 이웃을
모른 척하고 멸시하기도 하였습니다.
대화를 원하는 이웃을 앞에 두고
시간이 없음을 핑계 대기도 하였습니다.
나만을 위하여, 나와 혈연으로 얽인 가족만을 위하여,
일하고, 살고 또 기도하였습니다.

저희의 편협함을 용서하시고,
저희가 참 그리스도인으로 살아 내지 못한 것을 용서하소서.

조금씩, 조금씩, 꾸준하게
예수님 닮아가는 사람들이 되게 하소서.
성령께서 저희 가운데 항상 계셔 주셔서,
부족한 저희 위하여 말할 수 없는 탄식으로 기도하여 주소서.

오늘 성령강림절 후 일곱 번째 주일을 맞이하여,
세상 살아 낼 힘 얻고자,
하나님 앞에서
저희의 인간됨과 지난 일을 되돌아보고자 모인 저희들에게
하늘 은혜 내려 주셔서,
예배드릴 때에 성령이 우리 가운데 함께하신다는
확신을 얻게 하시고,
성령과 더불어 잔잔한 기쁨을 누리게 하소서.

오직 성령의 바람으로만
저희 자신과 교회와 세상의 변화를 완성할 수 있음을 깨닫게 하소서.
성령이여 오소서,

우리 가운데 오셔서,
닫힌 마음 열어 하나님 말씀으로 채워 주소서.

예수 그리스도 이름으로 기도드립니다. 아멘.

여덟.

은혜로우신 하나님,

지난 한 주간도 주님의 사랑으로 보살펴 주시고,
보람 있게 지내도록 인도하여 주신 은혜에 감사드립니다.

이제 주님 앞에 갈급한 마음 가지고 나아온 저희를 받아 주시고
저희 삶의 주인이신 하나님께 영광 돌리게 하소서.

이 시간 성령으로 저희의 생각과 마음을 정결케 씻어 주소서.
냉랭한 우리 가슴을 뜨겁게 하시고,
신실한 생각과 불붙는 열정으로
하나님을 예배할 수 있도록 도와주소서.

이 자리에 모인 각자 처지와 관심은 다를지라도
마음을 합하여 신령과 진정으로 예배드릴 때
하나님께 영광이요 저희에게 큰 기쁨과 은혜의 시간이 되게 하소서.

저희가 드리는 예배가
하나님 보시기에 합당한 예배가 되도록
처음부터 끝까지 성령께서 인도하여 주소서.

예수 그리스도 이름으로 기도드립니다. 아멘.

아홉.

사랑의 하나님,

성령강림절을 맞이한 저희로
거룩하신 하나님을 경배하도록 부르신 은혜에 감사드립니다.
시간의 흐름을 신앙적으로 민감케 하시기 위하여
저희에게 교회력을 주시고 절기에 따라서
하나님의 다양한 은혜를 경험케 하시니
참 감사합니다.

새로이 시작된 이 성령강림의 절기에
성령의 새롭게 하시는 능력과 변화시키시는 능력에 힘입어
성별 된 삶으로 초대받은 저희로
저희 심성이, 저희 인격이, 저희 관계가 저희 삶이
새롭게 변화되는 신비를 맛보게 하소서.

위로자 되시는 성령 하나님,
세상에서도, 교회에서도
끊임없이 주기만 해야 하기에,
자신이 메마르고, 진 빠지고, 다 타버린 것처럼 느끼는
우리 교회의 일꾼들 마음 가운데
하나님이 성령으로 임재하심에 감사드립니다.
마음속 열정과 사랑의 불씨가 사그라들지 않도록
성령께서 새 바람을 일으켜 주소서.
저희 받은 상처를 위로하여 주시고,
활기 있게 각자에게 맡겨 주신 과제를 잘 감당하게 하소서.

구원의 은혜를 경험한 하나님의 자녀들이
이제와 또 영원히
성령의 동행을 감사하면서,
더욱 용기 있고,
더욱 활기 있는 그리스도인으로 살아가게 하소서.
성령의 능력에 힘입어
온통 벽으로 둘러싸인 듯
숨통을 조여 오는
갑갑하게 막힌 세상 가운데서도
소통하기에 지치지 않는
신선한 바람처럼 살아가게 하소서.

예수 그리스도 이름으로 기도드립니다. 아멘.

열.

사랑이신 하나님,

저희에게 생명 주셔서,
세상을 살게 하신 은혜에 감사드립니다.
저희 스스로를 사랑하게 하신 것도 감사합니다.
때로 저희는 자기 사랑이 도를 넘어
제 눈의 들보는 못 본 채,
타자의 티끌 탓만 합니다.
모든 문제는 남의 탓이고, 모든 칭찬은 자기 덕분입니다.

세상은 나를 중심으로 돌고 있고,
이웃은 중심을 잡고 있는 '나'라는 기둥에 매달려 있는
회전그네라고 여깁니다.
때로 자신이 주변부로 밀려난 듯하면,
서러움과 불쾌감에 인상이 구겨집니다.
저희의 자기중심성을 불쌍히 여기소서.
생각하고 또 판단하는 주체인 자기로부터
삶에 대한 성찰을 시작하되,
자기 자신만이 이 모든 것의 궁극적 목표가 되지 않게 하소서.

나와 함께하시는 하나님은
내 안에, 옆에, 위에, 아래에도 계시지만,
하나님은 또한 나와 마주 선 존재임을 깨닫게 하소서.
때로 하나님은 타자의 얼굴로 나를 마주하심을 알아차리게 하소서.

하나님 앞에서 나의 자기중심성을 부수어 버리고 싶습니다.
가운데에서 옹벽을 쌓기보다,
주변으로 달려 나가 경계를 훌쩍 넘는 신앙인 되고 싶습니다.
저희에게 자비를 베푸소서.
예수 그리스도 이름으로 기도드립니다. 아멘.

열하나.

사랑이신 하나님,

지난 한 주간도 이러저러한 일 가운데
견디고 기도할 수 있게 하신 은혜에 감사드립니다.
저희의 무능과 무력을 깨닫는 순간이
기도의 때임을 알게 하신 은혜도 감사합니다.

저희로 명확한 주장과 합리적인 진술이 아닌
주저하는 기도의 언어로 살게 하소서.
겸손한 태도와 깊은 호흡으로
"그리스도여, 저희를 불쌍히 여기소서" 기도하게 하소서.

이유를 알 수 없는 고통과
아름다운 사람을 잃는 상실의 아픔 앞에서
하늘을 향해 분노의 삿대질을 하는 사람들을
너그러이 품어 주소서.

저희로 마음이 아파 몸부림치는 사람의 절규에
귀 기울이게 하소서.

껍데기를 벗어 버리고 심연의 아픔을 나눌 줄 아는
'서로 존재'로 살게 하소서.

그리스도 예수님 이름으로 기도드립니다. 아멘.

열둘.

사랑이신 하나님,

뿌연 하늘 아래 바이러스의 습격을 받으며
번번이 바라는 것을 놓쳐 버리는 저희는
감사의 언어를 상실했습니다.

맑고 푸른 하늘 아래 자유롭게 대화를 나누며
구하는 대로 이루어지는 상황에서만
하나님의 동행을 감사했던 저희를 불쌍히 여기소서.

해결이 묘연한, 엉킨 실타래 같은 삶의 정황을
견딜 수 있는 힘을 주소서.
잦은 고통을 통해 점점 더 수월히 평안을 이루게 된 변화를
인정하고 감사하게 하소서.
저희로 마음의 평안이 더할 수 없는 큰 선물임을 깨닫고
하나님께 깊이 감사하게 하소서.

소유한 재물과 능력 없어도, 가진 건강 없어도
주님을 찬미한 신앙의 선배들 본받아
저희 믿음도 훌쩍 자라나게 하소서.

모든 사정을 아시고 살길을 인도하시는 하나님께
온전히 맡기고 온전히 감사하게 하소서.

그리스도 예수님 이름으로 기도드립니다. 아멘.

열셋.

사랑이신 하나님,

세상에 태어나 인생을 이만큼 꾸려가게 하신 은혜
참 감사합니다.
지금까지 수많은 선택과 결정을 지나
여기까지 걷게 하신 은혜도 감사합니다.

현재 불만족스런 자신의 모습을 보며
지난 세월을 후회한 적도 있습니다.
당시로서는 확신할 수 없었지만 택한 길이 선한 결과를
가져온 것 같아 안도하기도 합니다.

은총이신 하나님,

한 번 사는 인생 후회 없이 멋지게 살고픈 욕망 때문에
저희는 갈래길 앞에서 주저하는 마음이 큽니다.
여전히 수많은 선택지 앞에서 망설이는 저희
불쌍히 여기소서.

오류를 범할까, 실패할까 두려워하는 저희 긍휼히 여기소서.
손해를 보게 될까, 손에 쥔 것을 놓치게 될까
염려하는 저희 불쌍히 여기소서.

유한한 저희의 모자람을 인정하게 하시고
오류 가능성과 실패 가능성을 그저 수용하게 하소서.

저희의 모든 길이 하나님께로 향하는 길임을 깨닫게 하소서.
마침내 합력하여 선을 이루시는 하나님 의지하게 하소서.

그리스도 예수님 이름으로 기도드립니다. 아멘.

열넷.

사랑이신 하나님,

좀처럼 끝이 보이지 않는 감염병 시대를
살고 있는 저희 불쌍히 여기소서.

'괜찮아질 거야, 이전으로 곧 돌아가게 될 거야.'
이런 막연한 기대와 위로는 참 힘이 없습니다.

여기저기서 이후의 시대를 예견하는 예언자들의 목소리는
높지만 참 예언의 말씀을 분간하기 쉽지 않습니다.
저희에게 시대를 분별할 수 있는 맑은 눈 주소서.

깊은 공부와 수다한 인간적 경험들은 여전히 유효하지만
이것이 전부가 아님을 깨닫게 하소서.
이전의 경험과 한때의 성공을 절대시하는
독선에 갇히지 않게 하소서.

새로운 인식과 지혜의 눈이 위로부터 내려와
저희의 낡은 껍질 벗기게 하소서.

세상 안에서 아등바등 애쓰는 저희 불쌍히 여기소서.
저희 마음을 돌이켜 하늘을 향해 손을 듭니다.
저희로 하나님 안에서 온전한 수동성 경험하게 하소서.

그리스도 예수님 이름으로 기도드립니다. 아멘.

열다섯.

사랑이신 하나님,

한 해의 절반을 보냅니다.
새해의 다짐을 되돌아보니 많이 부끄럽지만
하나님의 은혜는 넘칩니다.
시간의 흐름 속에서 저희 삶을 인도해 주신 은혜 감사합니다.

한 치 앞을 모르는 저희는 실패 앞에
기도의 효력을 의심하고
신앙에 소심해지기도 합니다.
인간을 인간 자신보다 더 잘 알고 계신 하나님이
결국에는 좋은 길로 인도하신다는 믿음 불어넣어 주소서.

스스로 잘난 인간에겐 쉽지 않은 일이지만
하나님께 온전히 맡기는 어리석은 믿음 품게 하소서.

자비이신 하나님,

지금껏 상상하지 못했던 환경과 삶의 변화 앞에서
두려워하는 저희에게 자비를 베푸소서.
빙하의 땅이 잉걸불이 되도록 인간은 도대체
무슨 짓을 한 것인지 자책하는 저희 불쌍히 여기소서.

"내 은혜가 네게 족하다. 내 능력은 약한 데서 완전하게 된다."
이 말씀 붙들고 달라진 세상 속에서 무력함을 인정하고

담담히 일상을 살아가게 하소서.
그리스도의 능력이 저희 안에 머물도록
기쁜 마음으로 저희의 약점 자랑하듯 살게 하소서.

그리스도 예수님 이름으로 기도드립니다. 아멘.

열여섯.

사랑이신 하나님,

한 해의 내리막길로 접어든 7월,
어김없이 예배의 자리로 불러 주신 은혜에 감사드립니다.

지난 한 주간을 살면서
반짝이는 것에 현혹되고, 분주함에 몰두하고,
값싼 위로에 취하여 살아온 것은 아닌지 되돌아봅니다.

연약한 저희 모습을 주님 앞에 내어 놓습니다.
가엾게 여겨 주소서.

이만큼 세상에 마음 붙이고 살게 된 것,
겨자씨 보다 작은 믿음을 갖게 된 것,
서로의 거울이 될 신앙 공동체 안에 머물게 된 것,
모두 주님의 은혜입니다.

하늘 아래 모든 인간이 동등함에도
저희는 성의 다름을 내세워 여성을 차별했습니다.
타고난 성의 우월함을 알게 모르게 자랑하고,
기득권을 더 많이 누리고자
억압당하는 다른 성의 고통에 슬쩍 눈감아 왔습니다.

생명을 돌보는 일에서,
뒤처리하는 일에서

주인 의식을 갖는 여성의 성실함에 기대어
무임승차하려고도 했습니다.

저희에게 정의감을 불어넣어 주소서.
성차별에 기대어 기득권을 지키려는
저희의 불의함을 꾸짖어 주소서.

그리스도 예수님 이름으로 기도드립니다. 아멘.

열일곱.

사랑이신 하나님,

지난 한 주도 큰 탈 없이 지내게 하신 은혜 감사합니다.
하나님에 대한 믿음 갖게 하시며
주일을 기점으로 삶의 리듬을 타게 하신 은혜도 감사합니다.

저희 삶에 틀과 규칙을 주는 주일예배에 참여하며
비록 비틀거리지만, 신앙의 길 꾸준히 걷게 하소서.

자비이신 하나님,

죽도록 열심히 살아온 것 같지만,
돈과 명예 그 어느 것 하나도
만족할 만큼 얻지 못했다 느낄 때가 있습니다.

남들은 하나님께 복을 받아 모든 걸 얻었다고 하는데
왜 나에겐 주시지 않는지 하나님을 원망하기도 합니다.
인생을 헛산 것 아닌지 자책하기도 합니다.
자신에 대한 연민으로 괴로운 저희 불쌍히 여기소서.

인생의 성공은 자기 손에 쥐는 것과
남에게 보이는 것이 아님을 알게 하소서.
저희로 구원의 비의(秘義) 알게 하소서.
하나님의 구원 이야기에 참여하게 될 때
저희 구원도 완성되는 것임을 깨닫게 하소서.

구원을 맛본 인생이 성공한 인생임을 깨달아 알게 하소서.

그리스도 예수님 이름으로 기도드립니다. 아멘.

열여덟.

사랑이신 하나님,

더운 날씨에 입과 코를 막는 답답한 일상이
끝을 알 수 없는 시절을 살아갑니다.
저희를 인내하며 살게 하신 은혜 감사합니다.

더 나은 세상을 위한 여러 세대의 희생 어린 노력으로
이만큼 살게 되었지만, 아직도 가야 할 길이 멀기만 합니다.
지난한 과정을 통해 이룩한 크고 작은 성취에 취하지 않고
날카롭게 성찰하는 저희 되게 하소서.

세상에서 일할 때 연민과 공감의 정서로 일하되
차가운 이성으로 자신을 더 엄정히 살피게 하소서.
자신이 가진 지위와 힘이 타인에게 위협이 될 수 있음을
자각하게 하소서.

힘 있는 사람의 높은 언성이 약자에겐
지축을 흔드는 천둥소리가 됨을 기억하게 하소서.
높은 지위에 있는 사람이 화를 내는 표정은 약자에겐
모든 걸 잃게 되는 위협일 수 있음을 기억하게 하소서.

낮은 자리에서, 약자의 자리에서 자신을 되돌아볼 수 있는
그리스도의 참 제자 되게 하소서.

그리스도 예수님 이름으로 기도드립니다. 아멘.

열아홉.

사랑이신 하나님,

무더운 날씨에도 저희를 보호해 주서서 감사합니다.
날이 추우면 추워서, 더우면 더워서 죽겠다는 저희는
자신의 느낌을 과장하며 살아가고 있습니다.

세상은 이전보다 모든 면에서 풍족해졌지만
저희 영혼의 굶주림은 이전보다 더 심해진 건 아닌지
되돌아봅니다.

자비이신 하나님,

우울은 일상이 되어 저희 삶 깊은 곳에 똬리를 틀었습니다.
일하는 기쁨보다는 일에서 오는 책임감이 크기에
일은 있으나 없으나 저희를 힘들게만 만듭니다.

사람에도 값을 매기는 이 사회에서
저희가 하는 일로써 저희의 값이 정해지기에
저희는 근사한 일만 선망합니다.

표가 나지 않는 일, 빛이 나지 않는 일은
값싼 것이라 여기며 거들떠보지도 않습니다.
이런 세속적 흐름을 거슬러야만
하나님 나라에서 큰 사람이 된다는 사실을
자주 놓치는 저희 불쌍히 여기소서.

누군가 해야 할 허드렛일, 궂은일
마다하지 않는 주님의 지체 되게 하소서.

그리스도 예수님 이름으로 기도드립니다. 아멘.

스물.

사랑이신 하나님,

맑게 갠 하늘 아래 평안을 누리게 하시니 참 감사합니다.
큰비 앞에서 저희는
"땅속 깊은 곳에서 큰 샘들이 터지고, 하늘에서는
홍수 문들이 열려서 사십 일 동안 비가 쏟아졌다"는
노아 홍수 이야기를 떠올립니다.

홍수가 하나님 마음에 들지 않은 인간 세상의 멸절을
의도한 사건이었다는 성경 본문은 저희에게 또다시
하나님 마음에 드는 삶이란 무엇인지 질문을 던집니다.

자비로우신 하나님,

저희의 드러난 잘못을 용서받고 싶습니다.
저희의 감춘 속내도 용서받고 싶습니다.
이웃을 사랑했지만 인정이라는 대가를 바란 건 아닌지,
교회를 섬겼지만 자신의 유익을 의도한 건 아닌지,
기도를 게을리하지 않았지만 하나님을 내 마음대로
조종하려 한 건 아닌지 되돌아봅니다.

삶의 기조는 감사와 기쁨이지만
나날들은 성찰과 반성으로 엮인 신앙의 삶을 살고 싶습니다.
저희를 불쌍히 여기소서.

날마다 의도 없이 주님의 길 따르는 참 제자 되게 하소서.

그리스도 예수님 이름으로 기도드립니다. 아멘.

스물하나.

하나이신 하나님,

서로 다른 사람들이 모여서
한 하나님을 예배하게 하시니 감사합니다.
성도의 교제를 통해 다른 사연이 있는 사람들의 이야기를 알게 되니
저희 삶의 지평이 넓어집니다.
저희로 좁은 인식과 동일한 틀에 갇히지 않게 해 주시니 감사합니다.

나이, 언어, 출신 배경, 학력, 낯빛이 다르고 취향과 성격이 다르지만,
하나이신 하나님을 신뢰하며 살게 하시니 감사합니다.

성령의 변화시키는 능력에 힘입어
나와 같지 않음을 불편해 하는 갇힌 사고를 무너트리고
서로 다름을 인정하는 공동체가 되게 하소서.

성령의 연합하시는 능력에 힘입어
모래알처럼 흩어진 사람들이 굳건한
하나의 공동체가 되게 하소서.

성령의 인도 따라 한 곳에 모여 공동체가 된 사람들은
획일화된 신념을 신앙이라 주장하지 않게 하시고,
다양한 모습으로 우리를 만나 주시는
한 분 하나님을 신뢰하게 하소서.
서로 흩어져,
저희 가는 곳마다 서로 연합하는 공동체를 만들어 가게 하소서.

예수님 이름으로 기도드립니다. 아멘.

스물둘.

사랑이신 하나님,

뜨거운 여름날에도 예배드릴 수 있어서 참 감사합니다.
이런 핑계 저런 핑계로 빠져나갈 궁리가 많은 저희를
한결같이 불러 주시고
삶의 일관성, 신앙의 꾸준함을 일깨워 주시니 참 감사합니다.

긴 가뭄에 단비가 오는가 했지만,
해갈의 기쁨은 잠시 잠깐,
폭우의 피해는 저희로 다시 눈물짓게 합니다.

한 치 앞을 알 수 없는 저희 인생을 불쌍히 여겨 주소서.
하나님 의지하며 하루하루 충실하되, 일희일비하기보다
멀리 바라보며, 담담하게 한결같은 믿음을 지니게 하소서.

신앙은 말뿐이 아니라 행동이고,
신앙은 교회 안에서만이 아니고 세상 속으로 들어가는 것이고
신앙은 밖에서 나를 끌어당기는 힘에만 의지하기보다는
그 힘에 대한 나의 갈망과 능동임을 고백합니다.

머릿속으로만 고백하던 저희의 신앙을
지금 여기서 현실이 되게 하소서.

이제는 저희가 넋을 놓고 기다리기보다
하나님께 다가서게 하소서.

이제는 저희가 턱을 괴고 상념에 젖기보다
주님의 몸 된 교회의 일에 먼저 나서게 하소서.

그리스도 예수님 이름으로 기도드립니다.

스물셋.

사랑이신 하나님,

제각각인 저희를 교회로 불러 주시고
한 공동체로 예배하게 하시니 감사합니다.

장맛비에 집안 구석구석 눅눅한 기운에 젖어 들고
저희 마음도 울적합니다.

저희에게 시원한 바람으로 오시고,
밝은 햇살로 오셔서
저희 마음의 습기를 날려 주소서.

쾌청한 날 뽀송뽀송 말라 가는 긴 줄에 매달린 빨래들처럼
저희 가라앉은 마음과 무거운 육신도
바람결에 날아갈 듯 가벼워지게 하소서.

어지럽고 실망스럽던 국가의 혼란도 정돈되었고
갈망하던 민주주의의 발전도 눈앞에 보이지만
거리에서 돌아와 골방에 앉으면
환희는 잠깐,
공허와 미래의 불안이 엄습하기도 합니다.

마음속 빈 공간에 슬며시 들어와 자리를 잡는 것은 탐욕이 아닐는지요.
내가 가진 욕심은 그저 소박한 것에 지나지 않는다며
저희는 늘 즐겨 자신을 합리화하지만,

실상은 크기의 차이일 뿐,
이글대는 욕망이 저희 안에 있음을 고백합니다.
예수님만으로 충족되는 인생이면 좋겠습니다.

자유이신 하나님,
저희로 탐욕으로부터 자유케 하시고,
저희 빈 마음은 예수님 말씀으로 가득 차게 하소서.
저희 목마름이 가시게 하소서.

그리스도 예수님 이름으로 기도드립니다. 아멘.

스물넷.

사랑이신 하나님,

한 해의 내리막길로 접어든 7월,
어김없이 예배의 자리로 불러 주신 은혜에 감사드립니다.

지난 한 주간을 살면서
반짝이는 것에 현혹되고, 분주함에 몰두하고,
값싼 위로에 취하여 살아온 것은 아닌지 되돌아봅니다.

연약한 저희 모습을 주님 앞에 내어 놓습니다.
가엾게 여겨 주소서.

이만큼 세상에 마음 붙이고 살게 된 것,
겨자씨 보다 작은 믿음을 갖게 된 것,

서로의 거울이 될 신앙 공동체 안에 머물게 된 것,
모두 주님의 은혜입니다.

유한한 존재로 살면서도
영원하신 하나님을 갈망하게 하신 것,
지금 여기가 소중하지만
나중 그곳에 대한 희망과 궁금증을 갖게 하신 것,
이 또한 주님의 은혜입니다.

주님의 은혜를 깊이 깨닫고,

마음 깊은 곳에서 우러나오는 감사를 입에 올리게 하소서.

하나님이 지으신 이 세상을 사랑하되
지금 눈에 보이는 것이 전부가 아님을 깨닫게 하소서.

하나님과 대면할 그날을 기대하며 살아가게 하소서.

예수 그리스도 이름으로 기도드립니다. 아멘.

스물다섯.

사랑이신 하나님,

지루했던 폭염과 장대비의 계절에도 늘 함께 해 주셔서 감사합니다.
어김없이 주일이면 저희를 예배당에 불러 주시고
저마다의 삶을 뒤로하고 신앙 공동체로 하나되어
다른 누구도 다른 무엇도 아닌
오직 하나님을 예배할 수 있게 하시니 참 감사합니다.

때론 귀여운 자녀가
때론 생의 편리함을 보장해 주는 돈이,
저희 자신의 일과 성취가
저희 섬김의 대상이었음을 고백합니다.
사실은 아주 자주 그랬습니다.
저희를 불쌍히 여겨 주소서.

매 주일 오직 하나님 만이 예배받으실 분임을
기억하게 하시니 참 감사합니다.
주일 오전, 저희가 드리는 예배는
사람으로서 마땅한 최소한의 예절이지만
예배를 마친 후 마치 모든 의무를 끝낸 듯 홀가분해진 채
재빠르게 세상 속으로 총총히 걸어가는 저희를 되돌아봅니다.
하나님, 저희는 얼마나 가볍고 약삭빠른 존재들입니까

세상 속으로 성큼 걸어 들어가
이웃을 섬기고, 몸으로 복음을 전하며,

삶으로서의 예배를 계속해야 함을 잊고 살았던 것은 아닌지
되돌아봅니다.
예수님은 세상과 동떨어진 거룩한 곳에서 복음을 전하신 것이 아니고,
또 말로만 복음을 전하지도 않으셨습니다.
스스로 비천한 자리에 오셔서,
몸으로 진리를 나타내시기를 십자가에 달리기까지 하셨음을
저희로 기억하게 하소서.
저희로 예수님을 흉내 내며 살게 하소서.

그리스도 예수님 이름으로 기도드립니다. 아멘.

스물여섯.

사랑이신 하나님,

올해 더위는 이제 한 고비를 넘긴 것 같습니다.
이글거리는 태양의 열기가
하나님을 향한 저희의 성실한 예배 앞에서 힘을 발휘하지 못했습니다.
저희 믿음과 저희 신앙의 성실함을 굳세게 하신 하나님께
감사와 찬양을 드립니다.

제멋대로인 완고한 저희를 자녀 삼아 주시고
하나님의 뜻이 무엇인지 물으며 살게 하신 은혜에 감사드립니다.

오만하고 자기 의에 사로잡힌 저희로 십자가의 도를 알게 하시고
그리스도 본받아 겸손하게 살게 하신 사랑에 감사드립니다.

세상에 태어나 저마다 받은 바 재능에 따라 일하게 하시고
보람되게 살아가게 하신 것도 하나님의 은혜입니다.

저희가 맡은 일을 생업의 수단으로만 여기지 않게 하소서.
저희의 노동이 다만 욕망을 채우기 위한
힘겨운 삶의 껍데기로 전락하지 않게 하소서.

땀흘려 일하는 가운데 기쁨을 얻게 하시고
하는 일에서 하나님의 부르심을 경험하게 하소서.

하나님 나라를 조망하면서,

지금 나의 일은 어떤 의미와 가치가 있는 것일까
묻고 또 물으며 일하게 하소서.

내가 원하는 일은 따로 다른 곳에 있다며 도망가지 않게 하시고
지금 내게 맡겨진 일이
하나님이 내게 맡기신 일임을 깨달아 알게 하소서.

예수님 이름으로 기도드립니다. 아멘.

스물일곱.

사랑이신 하나님,

높고 푸른 가을날을 주셔서 감사합니다.

덥지도 춥지도 않은 날씨, 푸르른 하늘,
메마른 저희를 촉촉이 적시는 가을비도 감사합니다.

값없이 값진 것을 누리게 하신 은혜에 감사드립니다.

겸손하고 싶지만 바닥까지 겸손하지 못한 저희로
하나님을 예배하게 하신 은혜도 참 감사합니다.

자연재해 앞에 참담히 무너진 문명 세계를 바라보며
유한한 인간 존재의 미약함을 깨닫게 하심도 감사합니다.

태풍 피해를 당한 남녘 사람들을 위로하시고 동행하소서.
인간의 고통 앞에 무력한 저희로
절망에 속기보다는 겨자씨만한 희망을 품게 하소서.

이 모든 절망의 상황 가운데서도
희망하는 용기와 낙관하는 믿음 주소서.

말을 앞세우기보다는 조용히 행동하게 하시고
선입견과 편견으로 귀를 닫기보다는
열린 마음으로 귀를 기울이는

지혜로운 의로운 사람이 되게 하소서.

예수 그리스도 이름으로 기도드립니다. 아멘.

스물여덟.

사랑이신 하나님,

부족한 저희에게 예수님을 알게 하시고,
성령의 도움으로
날마다 새롭게 깨달으며 살게 하신 은혜에 감사드립니다.

받은 은혜에 감사하며, 저희도 그리스도를 본받아 살고 싶습니다.
그리스도를 증언하며 그 구원 사역의 증인으로 살고 싶습니다.
성령께서 인도하시는 대로,
성문 밖에도, 산 위에도, 물을 건너서도, 땅 끝까지도 가고 싶습니다.
저희로 세상의 후미진 곳에 복음을 전하는
그리스도의 증인으로 살게 하소서.

가까운 곳에서, 또 먼 곳에 나가 그리스도의 증인으로 살 때,
겪을 어려운 일은 감히 상상조차 하기 어렵습니다.
증인의 삶이 지치고 외로울 때, 생기를 잃을 때,
성령께서 위로하시고, 돕는 손길 보내 주소서.

때로 바람처럼,
때로 불꽃처럼 다가오셔서 상한 몸과 맘 어루만져 주소서.
기도조차 할 수 없을 때,
말할 수 없는 탄식으로 우리를 대신하여 간구해 주소서.

우리나라에 보내 주신 선교사님들을 기억합니다.
그 사랑과 헌신을 감사한 마음으로 기억하는 저희로
기도와 관심과 물질로,
마침내 삶으로서 그 사역을 이어가게 하소서.

예수님 이름으로 기도드립니다. 아멘.

스물아홉.

⟨9월 1일 청년의 날⟩

사랑이신 하나님,

저희 인생의 한 시절 이 교회에 머물게 해 주셔서 감사합니다.
이 동산에 뿌리내린 나무들처럼,
우리 젊은이들도 예수 정신에 뿌리내려
사람을 사랑하고, 신뢰할 수 있는 시대의 동량으로 자라나게 하소서.

이곳 예배당에서,
그리스도인에게 던져진 세상의 질문에 대해 고민하게 하시고,
온 세상 사람들의 삶을
보다 자유롭고, 안전하게 하려는 열망과 용기로 답변하게 하소서.
꾸준함과 지혜를 주셔서,
한쪽으로 기우는 저울추의 무게를 훌쩍 끌어올릴 수 있게 하시되,
올곧음과 너그러움이 그 중심이게 하소서.

청년이 고통받는 시대를 살아가는 우리 교우들,
나만 뒤처진 것 같고, 나만 무력한 것 같은
불안한 마음을 위로하소서.
한 번 사는 인생, 작은 돌부리에 걸려,
주저하지도, 주저앉지도 말게 하소서.
초조해 말고, 서두르지 말고, 두려움 없이 담담히 걷게 하소서.

우리 젊은이들,
가시밭길 갈 때에,
헤쳐 나갈 지팡이 같은 인생의 선배 한 사람 만나게 하시고,
아픈 돌짝길 갈 때에, 함께 할 단 한 명의 친구라도 만나게 하소서.
앞길 캄캄해 무서운 길 갈 때에, 잔잔한 빛으로 인도해 주소서.

세상 모두가 저만을 위해 살아갈 때에도,
우리 젊은이들은 지친 친구에게 어깨를 내어 주는
참 보기 드문 아름다운 사람이 되게 하소서.

예수님 이름으로 기도드립니다.

7. 창조절 · 추수감사절:

결핍의 공포를 넘어

하나.

사랑이신 하나님,

오늘 하루를 저희에게 주셔서 감사합니다.
두 번은 없는 오늘 하루, 정성 다해 살아가게 하소서.
어떤 일도 일어나지 않는 아주 특별한 날이 되게 하소서.

예배의 시간을 저희에게 주셔서 감사합니다.
분주함을 털어내고 생각과 마음을 정돈하는 시간 되게 하소서.
그저 흐르는 시간 속에 온전히 자신을 맡기며,
효율의 신화로부터 잠시 벗어나게 하소서.

일할 수 있는 능력을 주셔서 감사합니다.
해야 할 일과 풀어야 할 인생의 과제가 많은 것도 감사합니다.
하나하나 깨우치고 해결해 나가는 기쁨을 알게 하시니 감사합니다.
또 어렵고 복잡한 문제를 저희로 대면토록 하셔서 감사합니다.
모르는 게 많을수록 겸손을 알 수 있으니 이 또한 감사합니다.

날마다의 생활 속에서
사소하고 지극히 일상적인 것에서,
기뻐하고, 감격하고, 감사할 수 있게 하소서.
어머니의 태중에 잉태되어, 삶의 우여곡절을 통해서
또는 굴곡 없이 평탄한 길을 밟아 오늘 이 자리에까지 오게 된 것
많은 우연이 겹친 일처럼 느껴지지만
순간 이 모든 것이 하나님 섭리 가운데 있었음을 깨닫습니다.

하나님 참 감사합니다.
세상에 많은 사람이 있지만,
저희를 택하여 그리스도인으로 불러 주시고,
십자가의 도를 배우고 수련하게 하셨습니다.
저희들 그저 적당히, 남들이 하는 만큼 살지 않게 하시고,
다른 이의 영혼을 구하기 위해,
인생을 걸고 믿음 생활을 하게 하시되,
넉넉하고 따뜻한 인격의 그릇에 십자가의 도를 담게 하소서.
함께 십자가의 길 걷는 교우들을 서로 격려하고
보기 드문 신실한 신앙인으로서의 길을 서로 재촉하게 하소서.

예수님 이름으로 기도드립니다. 아멘.

둘.

정의이신 하나님 ****

슬프고 화가 납니다.
모든 것이 절망입니다.

분한 마음에 중심을 가누지 못해
몸을 절며 당신 앞에 나왔습니다.
저희를 불쌍히 여기소서.

저주의 폭언과 냉소의 우스개로 쓴 마음을 달래 봅니다.
몽롱한 사방천지, 신화 같은 이야기 때문에
꿈인 듯 현실인 듯 저희 있는 곳조차 구분하기 어렵습니다.
저희를 불쌍히 여기소서.

뜨거운 비감에 젖기보다 냉정을 되찾게 하소서.
서늘한 이성을 따라 어디로 가야 할지 말씀하소서.

힘없는 저희를 들어
힘 있는 자를 부끄럽게 하시는 하나님,
저희에게 지혜를 주시고, 용기를 주소서.

거리와 광장을 오가며,
심판과 종말을 외치게 하소서.

**** 2016년 11월 정국이 혼란하던 어느 날

하나님 나라를 꿈꾸게 하소서.

예수 그리스도 이름으로 기도드립니다. 아멘.

셋.

사랑이신 하나님,

다시 주님의 날을 맞이하게 하시니 감사합니다.
주님이 허락하신 인생,
바르고 선한 삶으로 채우게 하소서.

하늘을 향해 곧게 뻗은 나무처럼
삶의 지향이 늘 올곧게 하시며,
세상살이의 달콤한 유혹 가운데서도
선한 삶에 대한 의지를 꺾지 않게 하소서.

주님의 한결같은 사랑을 기억하면서
나만 생각하며 사는 저희 모습을,
남보다 더 누리지 못해 발버둥 치는 저희 모습을
부끄러워할 줄 알게 하소서.

받은 상처에 집착하는 옹졸함을 버리고
일흔 번씩 일곱 번이라도 먼저 용서할 수 있는
너른 마음을 허락하소서.

짧은 시간에 결론이 나지 않아도
멀리 바라보고 깊이 생각하는
지혜로운 사람 되게 하소서.

나의 됨됨이를 갖추는 데 정성을 기울이는
아름다운 사람 되게 하소서.

저희의 사람됨이 보다 정의로운 세상을 떠받치는
든든한 기둥 되게 하소서.

예수 그리스도 이름으로 기도드립니다. 아멘.

넷.

사랑이신 하나님,

깊어 가는 가을 하늘 아래
형형색색으로 살아가는 저희로
예배 공동체를 이루게 하시니 감사합니다.

하늘빛을 받아 서로 다른 색깔로 살아가게 하심도 감사합니다.
색채의 아름다움이 차이에 있음을 깨닫게 하심도 감사합니다.
하지만 때로 고개를 갸우뚱하며 묻고 또 묻습니다.
너는 왜 나처럼 붉은빛을 내지 못하는가?
너는 왜 나처럼 푸른빛을 발하지 않는가?
물음은 때로 몰이해와 불신을 야기하고,
서로에게 상처를 주기도 합니다.
이웃을 이해하지 못하는 저희를 불쌍히 여기소서.
용서와 멀어진 저희를 긍휼히 여기소서.

은총이신 하나님,

감사의 절기에 이웃을 향해 너그러움을 연습하게 하소서.
상처 주지 않고 사랑할 수 있게 하시되
내게 생채기를 낸 이웃은 용서하게 하소서.

다함없는 주님의 은혜를
이웃을 향한 너그러움으로 갚게 하소서.

그리스도 예수님 이름으로 기도드립니다. 아멘.

다섯.

사랑이신 하나님,

지축이 흔들리는 당혹감 앞에서도
저희로 예배하게 하시니 감사합니다.

재난 앞에 무력한 저희를 불쌍히 여겨 주소서.
고통 속에 있는 재난의 피해자를 위로하시고,
그들에게 착한 도움의 손길을 보내 주소서.

인간이 마주한 한계 상황 앞에서
모든 번민은 사소한 것이 되고 맙니다.

어제의 심각한 다툼과 말 못 할 속상함도,
분노와 좌절도 모두 덧없이 느껴집니다.

하루 앞을 알 수 없는 유한한 저희로
무한하신 하나님께 기대어 살아가게 하소서.

지금 여기 삶을 충실히 살아 내되 이것이 전부인 양,
이것만이 절대적인 것이라 목매지 않게 하소서.

주어진 생을 감사하되
저희 뜻대로 되지 않음도 감사하게 하소서.
어긋난 삶의 계획안에서 겸손을 배우게 하소서.

하나님을 의지하는 것이 자신을 상대화하는 것임을
깨달아 알게 하소서.

아직 멀었지만
꾸준히 오늘도 한걸음
하나님께 다가가게 하소서.

그리스도 예수님 이름으로 기도드립니다. 아멘.

여섯.

인간의 삶과 죽음을 주관하시는 하나님,

창조절을 맞이한 저희로
거룩한 예배에 참여케 하신 은혜에 감사드립니다.

새로이 시작된 이 창조의 절기에
세상이 제 뜻대로 되는 듯해서
오만에 들떠 천지를 분간하지 못하며,
목이 곧은 백성으로 살아가는 저희로
존재의 근원이 어디에 있는지
어디로 돌아가야 할 존재인지를
다시금 깨닫게 하시니 감사드립니다.

저희 생사화복이 온전히
지으시고, 섭리하시는 하나님께 속한 것임을
다시금 깨닫게 하소서.

역사의 주인이신 하나님,

광풍같이 몰아치는 역사의 소용돌이 속에서도
저희 교회를 인도하여 주신 은혜에 감사드립니다.

옳고 그름을 판단하기 어려운 시련 가운데서도
짧은 눈으로 보기에 당장 저희에게 유익이 되는 일을
쉽게 하나님의 뜻이라 생각지 않게 하소서.

하나님의 뜻 가운데 온전히 저희를
깊고 맑은 신앙을 저희에게 허락하소서.

창조주 하나님의 은혜를 경험한 자녀들,
이제와 또 영원히
저희에게 허락하신 생명을 감사하면서,
죽기까지 모든 생명을 살리는 그리스도인으로 살아가게 하소서.

신음하는 피조 세계를 회복시키는
창조주 하나님의 손과 발이 되게 하소서.

저희 교회로 뙤약볕 가운데 쇠잔한 피조 세계가 쉴만한
서늘한 나무 그늘이 되게 하소서.

예수 그리스도 이름으로 기도드립니다. 아멘.

일곱.

사랑이신 하나님,

시대는 불안하고,
삶은 공허하며,
마음은 초조합니다.

강단의 소리가 높고,
기도는 뜨겁지만
저희 내면에는
여전히 부, 명예, 자기 의, 성공 같은
우상이 깃들어 있습니다.

허망한 것에 목말라하는 저희 자신을
부끄러워하게 하소서.

말이나 행동만이 아니라 전 존재로
하나님을 갈망하게 하소서.

나날이 더욱 깊이 하나님과 연합하면서
저희 삶을 완성하게 하소서.
하오나 지금은
하나님 앞에 바로서기에도 부족한 저희를
불쌍히 여기시고 자비를 베푸소서.

우리 주 예수님 이름으로 기도합니다. 아멘.

여덟.

사랑이신 하나님,

골목길 소박한 예배당에 함께 모일 수 있어서 참 감사합니다.
이곳에서 오롯이 온전한 자기 됨을 연습하게 하시고
이곳에서 그리스도인으로 함께 함을 훈련하게 하소서.

저희는 하릴없이 늘 분주하고,
뚜렷한 이유 없이 자주 불안하고,
대상 없이 가끔 두려우며,
스스로 알 수 없는 감정 때문에 불쾌합니다.

때로 저희는 세상의 불의와 불평등에 대하여,
사회와 제도의 구조적 모순에 분노하지만,
쉽게 바뀌지 않는 세상에 대해 절망하며
무력한 자신에 대해서도 화가 납니다.

저희에게 자비를 베풀어 주소서.

저희에게 하늘로부터 내리는 위로를 얻게 하시고,
나날이 새로운 용기와 희망을 갖게 하소서.

상처는 뚜렷하지만, 치유되게 하시고
변화는 더디지만, 계속되게 하소서.
사랑은 부서지기 쉽지만, 지속되게 하시고
신뢰는 의심받지만, 굳건하게 하소서.

동시대를 살아가는 동료 인간을 향하여
실눈을 뜨고 경계하기보다,
따뜻하고 깨끗한 마음으로 그 존재를 수용하게 하소서.

어떠한 경우에도 사람에 대한 사랑과 신뢰 잃지 않게 하시고
그 사랑과 신뢰의 힘으로 인생을 살아가게 하소서.

예수님 이름으로 기도드립니다. 아멘.

아홉.

사랑이신 하나님,

때를 따라 적절한 은혜 내려 주셔서 참 감사합니다.
아침저녁 선선한 바람을 맞으며
시간의 흐름이 얼마나 강한 것인지,
그 앞에서 인간은 얼마나 속수무책인지
깨닫게 하심도 감사합니다.
무심히 흘러가는 시간을 멈추고
하나님께 예배드리며 살게 하신 은혜도 감사합니다.
예배드리는 순간은 일상의 시간과 단절되고
세상의 큰 흐름에 균열을 일으키는 시간임을 고백합니다.

이 시간에 저희로 초월을 맛보게 하시고,
이 시간에 저희로 영원을 경험케 하소서

초월은 높이만이 아니고,
영원은 길이만이 아님도 깨닫게 하소서.
초월과 영원은
일상의 단절로부터 오는
시간의 깊이와 성숙임을 경험하게 하소서.

저희에게 한가위 명절을 허락하신 은혜에 감사드립니다.
이 명절에 고향을 찾게 하심도 감사합니다.
고향을 잃어버린 사람에게는 마음속 고향을 갖게 하시고,
인생을 살아 낼 힘을 주는 좋은 기억을 주는 사람과

좋은 기억으로 얽혀있는 장소와 시간을 허락하소서.

저희로 누군가의 고향이 되게 하소서.
평안하고 잔잔한 기쁨이 있는 고향이 되게 하소서.
깊이를 더하고 성숙이 익어가는 시간이 되게 하소서.

그리스도 예수님 이름으로 기도드립니다. 아멘

열.

사랑이신 하나님,

아름다운 가을날을 허락하신 은혜에 감사합니다.
이 가을에는
하나님 피조 세계를 한껏 감탄하며
저희 찬미도 깊어지게 하소서.

저희 인생의 한 시절을
이 교회에서 보내게 하신 은혜도 감사합니다.
일주일에 꼭 한 번은
하나님을 예배하게 하신 은혜도 감사합니다.

일주일에 꼭 한 번은
저희 삶의 주인이 하나님이심을 깨닫게 하소서.
율법으로부터 자유하게 하신 은혜에
감사할 줄 알게 하시되,
방종을 자유라 여기지 말게 하소서.
주일을 구별하여 거룩하게 지키며
하나님 앞에 몸을 낮추는
겸손한 사람으로 살아가게 하소서.

세상에 배워야 할 지식도 많고,
해야 할 일도 많지만,
무엇보다 먼저 하나님을 아는 지혜를 갖게 하소서.

하나님을 알고자 저희가 서로 사랑하게 하소서.
타자를 향하여 자애로운 마음으로,
따뜻한 눈빛과 위로의 말을 건네게 하소서.

타자와 더불어 배려의 손길과
섬기는 몸짓으로 살아가게 하소서.
하여 하나님을 향하여 더 진실되이 다가가게 하소서.
세상의 크고 작은 질병과 고통 속에 신음하는 사람들의
이웃으로 살게 하소서.
평화를 사랑하고 생명을 귀히 여기는
예수님의 참 제자로 살게 하소서.

그리스도 예수님 이름으로 기도드립니다. 아멘

열하나.

사랑이신 하나님,

오늘도 저희는 당신을 사랑이라 불러봅니다.
사랑이 좋은 것이어서,
사랑만이 남는 것이어서
당신을 사랑이라 부릅니다.

어김없이 저희를 예배의 자리로 불러 주셔서 감사합니다.
좁은 골목길 따라 도달한 예배의 자리는 참으로 고요합니다.
이곳에서 영원이신 하나님을 만나게 하소서.

영원이신 주님,

저희에게 정해진 시간을 주셔서 감사합니다.
시간의 흐름 따라
인간됨이 자라나고, 깊어지고, 성숙하게 하소서.

시간이 흐를수록
지혜도 차근차근 자라게 하시되,
얄팍한 관계의 기술을 삶의 지혜라고 여기지 않게 하소서.

타인의 호의를 다른 의도가 있는 마음으로
지레짐작하지 않게 하소서.

바라는 것 없이, 아무런 조건 없이
든든한 인생길 동무로 살아가게 하소서.

하나님을 향하여, 타인을 향하여
순수한 마음으로 살게 하소서.

그리스도 예수님 이름으로 기도드립니다. 아멘.

열둘.

사랑이신 하나님,

맑고 푸른 가을 하늘을 주셔서 감사합니다.

인생의 한 시절을 골목길 작은 교회에서
하나님을 예배하며 살아가게 하심도 참 감사합니다.

잊을만하면 터져 나오는 전쟁의 소문은
저희로 두려움에 떨게 합니다.

한 번도 경험해 보지 않은 세대에게
전쟁의 위험은 상상하기조차 어렵습니다.

평화이신 하나님,

공포 속에 살아가는 저희를 불쌍히 여겨 주소서.
저희 두 손을 하나님을 향하여 모으게 하소서.

이 땅의 위협적인 힘들 위에 계신
하나님만 두려워하게 하소서.

인간적인 해법이 부재할 때 절망으로 결론을 내기보다
하나님의 능력을 믿으며 희망을 갖게 하소서.

세상이 절망을 당연한 것이라 여길 때

새로운 희망을 이야기하게 하소서.

희망 없음이 중론일 때,
군비 경쟁만이 당연한 귀결일 때
평화에 대한 염원으로 주님 앞에 엎드리게 하소서.

이때가 간절한 기도의 시간이라 여기게 하소서.

그리스도 예수님 이름으로 기도드립니다. 아멘.

열셋.

지혜이신 하나님,

시절의 수상함 앞에 어리둥절한 저희를
예배의 자리로 불러 모아주셔서 감사합니다.

저희를 둘러싼 사방팔방이
우연과 실수를 핑계 대며 저마다 재주와 힘을 자랑할 때
저희는 100여 년 전을 떠올리며 불안하기만 합니다.

이름 없이 역사 앞에 자신을 희생한 선조들을 기억하며
저희는 가만히 주눅들 수만은 없어
주먹을 불끈 쥐어 봅니다.

여러 골리앗들 앞의 어린 다윗처럼
돌팔매에 쓰일 조약돌들도 모아봅니다.
대를 이어온 불쾌한 감정은 태산이고,
저항의 에너지도 몸속 가득하지만
그럼에도 불구하고 저희는
이웃들과 평화로이 지내고 싶습니다.
저희를 불쌍히 여겨 주소서.

평화이신 하나님,

어려운 시절을 타계할 지혜를 주시고,
곤경에 처할 때 옥석을 가려낼 엄정한 눈도 주시되

오직 지혜의 근원이신 하나님께만
저희의 앞날을 맡기게 하소서.

이 땅과 이 공동체를 위해 애끓는 기도 바치게 하소서.

그리스도 예수님 이름으로 기도드립니다. 아멘.

열넷.

사랑이신 하나님,

해방된 나라에서 살게 하신 은혜 감사합니다.
포로 생활 후 귀환의 기쁨을 누린 이스라엘 백성처럼
저희도 제국의 지배와 종속의 굴레에서 벗어난
기쁨을 누리게 하시니 감사합니다.

과거를 잊을 때마다 변화하는 정세를 통해
기억의 소중함을 다시금 일깨워 주시니
저희는 감사할 따름입니다.

해방에 안도하는 저희가
다른 이들에게 행한 과오는 없는지
되돌아보며 뉘우치게 하소서.

저희가 힘을 가질 때
더욱 겸손하고 반듯하게 하소서.

혼자서는 살 수 없는 세상에서
이웃과 더불어 화평하게 하시되
공동체 안에서 자기 역할이 무엇인지 깨닫게 하소서.

모두가 주인공이 될 수 없는 세상에서
빛나는 사람을 묵묵히 받쳐 주는
배경 같은 존재가 되게 하소서.

드러나지 않는 방식으로 일하시는 하나님처럼
저희도 소리 나지 않는 방식으로 일하게 하소서.

앞에 나서기보다 뒤에서 지지하는
든든한 사람 되게 하소서.

그리스도 예수님 이름으로 기도드립니다. 아멘.

열다섯.

사랑이신 하나님,

거센 바람 가운데서도
저희를 예배하도록 부르신 은혜 감사합니다.

일주일에 한 번 주님의 날을 지키며
이날만큼은 자신의 정당함을 입증하려 하기보다
그저 묵묵히 하나님의 뜻을 묻게 하소서.

고개를 쳐들고 옳고 그름을 판단하기보다
인식의 한계와 오류의 가능성을 인정하게 하소서.

이 시간에는 하나님 앞에 겸손하게 하시고
이웃 앞에 진실하고 온유하게 하소서.

타인의 에움길을 못 견디고 지름길을 다그치는
저희의 급한 성정 누그러뜨려 주소서.

타인의 굼뜬 언행에 속사포처럼 쏟아 내는
저희의 그 잘난 언행 부끄러이 여기게 하소서.

저희 스스로 강한 자라,
지혜로운 자라 자부하다가
약하고 미련하다고 여겼던 사람들로부터
수치를 당하게 될까 두렵습니다.

때로는 알아도 모른 척 넘어갈 줄 아는
둥글둥글한 인품 지니게 하소서.

때로는 악다구니 쓰기보다
너털웃음으로 넘어갈 줄 아는
호탕한 인품 연마하게 하소서.

그리스도 예수님 이름으로 기도드립니다. 아멘.

열여섯.

사랑이신 하나님,

시간의 흐름 앞에 영원한 것이 없음을
깨닫게 해 주셔서 감사합니다.

흘러가는 시간을 잠시 멈추고
하나님을 만나는 시간을 허락하심도 감사합니다.

저희에게 생각과 감정을 표현할 수 있는
언어를 허락해 주셔서 감사합니다.

사랑스런 말로 타자를 위로하게 하시고
이웃과 교제하게 하심도 감사합니다.

명료한 말로 시시비비를 가리고
가치를 주장할 수 있게 하심도 감사합니다.

그럼에도 저희는 번지르르한 말만 앞세우고
실천하지 않을 때가 있습니다.
한마디 말에 무게를 싣기보다는 열 마디 말을
가볍게 내뱉으며 달변을 자랑하기도 합니다.
"말 한마디로 천 냥 빚 갚는다"며
진심을 담기보다는 근사한 말로 곤란을
모면해 보려고도 합니다.

저희 가벼움을 불쌍히 여기소서.

차라리 저희로 어눌한 사람이 되게 하시어
진심이 담긴 말을 더듬거리게 하소서.

좀처럼 말하지 않지만
말한 것은 반드시 지키게 하소서.

그리스도 예수님 이름으로 기도드립니다. 아멘.

열일곱.

자비이신 하나님,

많은 사람을 만나고 잡다한 소식을 접하며
저희 마음은 우왕좌왕 오르락내리락하고 있습니다.
그럼에도 저희 마음이 부서지지 않고 흩어지지 않도록
중심이 되어 주시니 참 감사합니다.

저희는 아닌 체하지만 남의 인정과 칭찬에
자만에 빠져듭니다.
남의 인정과 칭찬에 목마를 때는
자신의 가치를 느끼지 못한 채 좌절에 빠지기도 합니다.
저희는 자만 아니면 좌절의 늪에서
허덕이는 나약한 존재에 불과합니다.
하지만 주님,
이런 나약함에서 초탈하고자
내 안에만 갇혀 지내는 수인이 되지 않게 하소서.
내면에 감옥을 짓고 그 안에서 평안의 환상을 맛보는
어리석음을 범하지 않게 하소서.
자기 환상의 감옥으로부터 해방된
건강한 존재로 살게 하소서.

하나님을 거울삼아 자신의 모습을
낱낱이 비추어 보는 신앙인으로 살게 하소서.

그리스도 예수님 이름으로 기도드립니다. 아멘.

열여덟.

영원이신 하나님,

시간의 한 토막을 살아가는 저희를 불러
영원을 예배하게 하신 은혜 감사합니다.

저희는 부분을 알고 일부를 경험하면서도
그것이 전부인양 착각합니다.
하지만 영원이신 하나님 앞에 자신을 비추어 보면
저희는 한낱 파편에 불과함을 깨닫게 됩니다.
맥락을 놓친 파편은 먼지처럼 덧없습니다.
파편으로 살아가는 저희를 불쌍히 여기소서.

하나님은 저희가 사는 시절을
정해진 의미 연관 속에 넣어 주셨습니다.
하나님의 경륜을 의식하며 살아가게 하소서.

순간을 살지만 영원에 대한 그리움을
놓치지 않게 하소서.

꺼질 것 같은 고통의 때도
터질 것 같은 기쁨의 때도
영원한 것이 아님을 깨닫게 하소서.

이제와 또 영원히 저희의 희망 되시는
하나님을 바라보게 하소서.

그리스도 예수님 이름으로 기도드립니다. 아멘.

열아홉.

사랑이신 하나님,

일주일의 피로를 어깨에 지고
하나님 앞에 나아온 저희를 축복하소서.

저희는 공중의 새나 들판의 백합꽃과 달리
먹고사는 문제를 고민하며 살아갑니다.

가진 게 없는 저희는 생계의 문제로
불면의 밤을 보내기도 합니다.

하나님이 저희를 먹이고 입히신다는 믿음은
현실적인 걱정 앞에서 쪼그라들고 맙니다.
믿음 없는 저희를 불쌍히 여기소서.

한 밤에도 불을 밝힌 세상은 더 일하고
더 효율을 높이라고 채근합니다.

더 소유하려면 잠을 줄여야 한다고 압박합니다.
하지만 저희로 모든 근심을 하나님께 맡기고
단잠을 주시는 하나님의 품에 안기게 하소서.

욕망의 부추김에 부화뇌동하느라
밤을 지새우기보다 세상의 염려 내려놓고
깊은 잠에 빠지게 하소서.

풍랑 가운데서도 평안히 주무신 예수님을 본받아
하나님에 대한 신뢰와 저희의 무욕으로
숙면을 취하게 하소서.

그리스도 예수님 이름으로 기도드립니다. 아멘.

스물.

사랑이신 하나님,

태풍이 휩쓸고 간 자리에
남은 것은 반복되는 절망과 한숨뿐입니다.
고통당한 이웃의 비참한 삶의 자리에 개입해 주소서.

그럼에도 무력한 저희는 하나님께
감사의 예배를 드립니다.

예수님 통해 알게 하신 구원의 길을
걷게 하셔서 감사합니다.

다시 오실 그리스도를 통해 펼쳐질
하나님 나라를 기다리며,
지금 여기서 하나님 나라를 연습하게 하심도 감사합니다.

정의이신 하나님,

인간이 애써 일군 한 시대의 제도는
하나님 나라 가는 길에 불과함을 잊지 않게 하소서.
인간이 일군 제도의 한계를 고백하게 하시고,
하나님 나라를 향해 한걸음 나아가게 하소서.

다양한 의견이 동일성의 논리에 의해
희생되지 않고 존중되는 사회를,

집단에 매몰되지 않는 주체들을
아우를 수 있는 공동체를 꿈꾸어 봅니다.
비틀거리더라도 정의의 길 걷게 하소서.

더듬거리며 하나님 나라를 향한 여정 계속하게 하소서.

그리스도 예수님 이름으로 기도드립니다. 아멘.

스물하나.

사랑이신 하나님,

맑은 하늘과 따사로운 햇살, 선선한 바람으로
저희 고단한 영혼을 위로해 주셔서 감사합니다.
세상은 잠시도 숨 쉴 틈 없이 요란한데
저희로 하나님을 예배하게 하시니 감사합니다.

평화이신 하나님,

인간 사이에 맺은 신뢰는 탐욕으로 깨어지고,
갑작스레 전쟁으로 내몰린 이웃은
배신감에 몸서리치기도 전에 생존을 박탈당했습니다.
무력한 저희는 그저 하나님께 기도를 바칩니다.

어느 목숨 하나 소중하지 않은 것 없지만
연약한 어린이들에겐 특별한 은총을 베풀어 주소서.
평화로운 미래 사회의 희망둥이들을 눈동자처럼 지켜 주소서.
무력한 저희를 불쌍히 여기시고 세상에 평화를 주소서.

하나님이 이루실 역사에서
저희로 하나님의 손길 되게 하소서.

신앙은 머릿속에서 일어나는 정신 과정이 아니라
전 존재의 결행임을 손과 발로 증거하게 하소서.

그리스도 예수님 이름으로 기도드립니다. 아멘.

스물둘.

사랑과 은총이 가득하신 하나님,

스러질 것 같지 않던 한여름의 열기가
시간의 흐름 앞에 무력함을 드러냅니다.
계절의 변화를 통해 세상에 영원한 것이 없음을
다시 깨우쳐 주시니 감사합니다.

이 시간,
영원하신 하나님을 예배하게 하신 것 또한 감사합니다.

권력과 금력에 대해 두려움과 냉소만 지닌 채
거인 앞에 난쟁이가 되어가는 저희를 불쌍히 여기소서.

도무지 출구가 보이지 않은 짙은 안개 속에 갇혀
숨쉬기조차 힘든 현실을 잠시 잊고자
바보상자에 저희 영혼을 내어 주고 있습니다.

때로 하늘을 날아 먼 곳, 파라다이스를 찾기만 합니다.
저희가 무엇을 희망해야 하겠습니까?
저희가 무엇을 해야겠습니까?

역사의 시계 바늘은 거꾸로 돌고 있고
예전에도 그랬듯 용기 있는 자는 주검이 되었는데
저희는 용기를 잃고 과거를 추억하기만 합니다.

절망에 빠진 저희를 불쌍히 여기소서.
마땅히 있어야 할 자리에 있게 하시고
그리스도를 기준으로 '예'와 '아니오'를 분명히 하는
참 신앙인 되게 하소서.

약한 자를 들어 강한 자를 부끄럽게 하시는
하나님의 역사를 이루는 통로 되게 하소서.
과거의 기억이 미래의 희망 되게 하소서.

예수 그리스도 이름으로 기도드립니다. 아멘.

스물셋.

사랑과 은총이 가득하신 하나님,

높고 푸른 가을날 주셔서 감사합니다.
덥지도 춥지도 않은 날씨와
메마른 심령을 촉촉이 적시는 가을비도 감사합니다.
값없이 값진 것을 누리게 하신 은혜에 감사드립니다.

겸손하고 싶지만 바닥까지 겸손하지 못한 저희로
하나님을 예배하게 하신 은혜도 참 감사합니다.

자연재해 앞에 참담히 무너진 문명 세계를 바라보며
인간 존재의 미약함을 깨닫게 하심도 감사합니다.

하나님,
태풍 피해를 당한 남녘사람을 위로하시고 동행하소서.

인간의 고통 앞에 무력한 저희로
절망에 속기보다는 겨자씨만한 희망 품게 하소서.

이 모든 절망의 상황 가운데서도
희망하는 용기와 낙관하는 믿음 주소서.

말을 앞세우기보다 조용히 행동하게 하시고,
선입견과 편견으로 귀 닫기보다
열린 마음으로 귀 기울이는

지혜롭고 의로운 사람 되게 하소서.

예수 그리스도 이름으로 기도드립니다. 아멘.

스물넷.

사랑이신 하나님,

높푸른 하늘과 따사로운 햇살을 누리게 하신
은혜에 감사합니다.
혈연으로 맺어진 가족을 갖게 하심도,
가족의 울타리를 뛰어넘는
보편적 사랑의 길을 걷게 하심도 감사드립니다.

이 시간,
한 때 영원할 것 같은 젊음의 육체도,
패기만만한 젊음의 마음도
사라져 감을 알게 하소서.

저희로 시간을 거스를 수 없음을 깨닫게 하소서.
젊음은 사라지지만
그 대신 살아온 날들의 경험이 남음에 감사하게 하소서.

무수한 지식은 휘발되지만
그 대신 삶의 지혜가 쌓임에 감사하게 하소서.

지혜이신 하나님,

저희에게 남은 경험과 지혜조차 자랑치 않게 하소서.
저희가 이룬 작은 업적과 성취에 취한 채
하나님 나라에서 동무가 될 다음 세대를 향해

훈계하지 않게 하소서.
다만 묵묵히 어른답게 행동하게 하소서.
다만 인간으로서의 깊이를 더해 가게 하소서.
시간이 쌓이면서 인간됨의 품격도 더해 가게 하소서.

그리스도 예수님 이름으로 기도드립니다. 아멘.

스물다섯.

사랑이신 하나님,

아름다운 가을날을 주셔서 감사합니다.
이 가을 피조 세계에 한껏 감탄하며
주님에 대한 저희의 찬미가 깊어지게 하소서.

일주일에 한 번 예배하게 하신 은혜도 감사합니다.
이 시간 저희 삶의 주인이 하나님이심을
마음속 깊이 기억하게 하소서.

주일을 구별하여 거룩하게 지키며
주님 앞에 스스로를 낮추는 겸손한 사람 되게 하소서.

세상에 배워야 할 지식도 많고, 해야 할 일도 많지만
무엇보다 먼저 하나님을 아는 지혜를 갖게 하소서.
하나님을 믿는 저희로 서로 사랑하게 하소서.

타자를 향해 자애로운 마음으로
따뜻한 눈빛과 위로의 말을 건네게 하소서.
타자와 더불어 배려의 손길과
섬기는 몸짓으로 살아가게 하소서.

이런 삶을 통해 하나님께 더 가까이 다가서게 하소서.
질병과 고통 속에 신음하는 이웃을 포근히 품게 하소서.
생명을 귀히 여기는 하나님의 사람 되게 하소서.

그리스도 예수님 이름으로 기도드립니다. 아멘.

스물여섯.

사랑과 은총이 가득하신 하나님,

한 해의 끝자락,
추수감사의 절기를 맞이한 저희를 축복하소서.
농사짓지 않아
추수감사절의 의미 되새기기 어려운 많은 이 땅의 사람들,
학업 농사에서,
자식 농사에서,
인생의 농사에서
올해는 하나님께 무엇을 드릴까 생각해 봅니다.

한 해가 이제 곧 저물어 가는데,
올 한 해 주신 은혜에 그저 감사한 마음 드리고 싶습니다.
저희의 마음을 기쁘게 받아 주소서.

내가 부자가 되면,
내가 유명해지면,
내가 전혀 단점이 없다면,
나와 가까운 사람이 병들지 않는다면,
또 그들이 죽지 않는다면,
세상이 좀 더 나은 곳이라면 나는 행복해지리라.
그리고 내가 행복해지면
그때 나는 감사할 것이다 생각하지 않게 하소서.

하나님의 자녀인 저희들,
감사의 조건을 따져본 후 감사를 입에 올리지 않게 하소서.

지금 여기에서
이 상태 그대로 감사할 수 있는
아름답고 넉넉한, 소박한 마음을 허락하소서.

아침에 일어나서 하루를 시작할 수 있음을 감사하고,
먹고 마실 수 있음을 감사하고,
낮에는
분주한 삶의 즐거움에 대해 감사하게 하소서,
밤이 깊을 때에는
지친 몸을 잠자리에 누일 수 있음을 감사하게 하소서.

예수 그리스도 이름으로 기도드립니다. 아멘.

스물일곱.

은혜로우신 하나님,

지난 한 주간도 어지러운 세상가운데서
열심히, 치열하게 살게 하시니 참 감사합니다.
힘에 겨워 지칠 때
순간순간 하늘의 평안을 맛보여 주신 은혜도 감사합니다.

이제 하나님의 부르심에 응답하여 서둘러 나아온 저희로
삶의 주인이신 하나님께 영광 돌리게 하소서.

이 시간 성령으로 임재하셔서
하나님 앞에 선 저희 말과 행실, 전 존재를 지켜보아 주소서.

저희 존재가 마땅히 속해야 할 것에 속해있는지,
땀 흘려야 할 것에 땀 흘리고 있는지 되돌아봅니다.

세상 앞에 자랑스럽지만,
혹여 하나님 앞에
몹시도 부끄러운 인생을 살아가고 있는 것은 아닌지 되돌아봅니다.

예배당에서는 주여 주여 경건을 행하지만, 예배당 밖에서는 나 자신을
섬기며 살고 있는 것은 아닌지 되돌아봅니다.
거룩하신 하나님,

하나님 앞에서 늘 부족한 저희 인생을 불쌍히 여겨 주소서.

하나님 없이 살 수 없는 저희 존재의 정체를 바로 알게 하시고,
세상 속에서 저희 역할과 임무를 바로 깨닫게 하소서.
저희가 예배드릴 때, 잊고 있던 본질을 깨우치게 하소서.
온전히 맑은 정신과 정갈한 마음으로 세상을 살아갈
새 힘을 얻게 하소서.

이 자리에 모인 각자 처지와 관심은 다를지라도
하나의 교회로 불러 주셨으니,
이 신비로운 연합이 하나님께 영광이 되게 하소서.

이웃과 더불어 드리는 저희의 예배가
하나님 보시기에 합당한 예배가 되도록
처음부터 끝까지 인도하여 주소서.

예수 그리스도 이름으로 기도드립니다. 아멘.

스물여덟.

은혜로우신 하나님,

지난 한 주간도 어지러운 세상가운데서
주님의 사랑으로 보살펴 주시고,
보람있게 지내도록 인도하여 주신 은혜에 감사드립니다.

이제 하나님의 부르심에 응답하여
주님 앞에 갈급한 마음가지고 나아온 저희를 받아 주시고
저희 삶의 주인이신 하나님께 영광 돌리게 하소서.

이 시간 성령으로 임재하여 주셔서
저희의 복잡한 생각과 혼란한 마음을 씻어 주시고
온전히 맑은 생각과 정갈한 마음으로 예배하게 하소서.

냉랭한 우리 가슴을 뜨겁게 하시고,
신실한 생각과 불붙는 열정으로
하나님을 예배할 수 있도록 도와 주소서.

이 자리에 모인 각자 처지와 관심은 다를지라도
마음을 합하여 예배드릴 때 하나님께 영광이요
저희에게 잔잔한 기쁨 샘솟는 은혜의 시간이 되게 하소서.

이웃과 더불어 드리는 저희의 예배가
하나님 보시기에 합당한 예배가 되도록
처음부터 끝까지 인도하여 주소서.

예수 그리스도 이름으로 기도드립니다. 아멘.

스물아홉.

사랑이신 하나님,

저희는 11월 마지막 주 예배의 자리에 왔습니다.
여기까지,
한없이 무거운 자신을 재촉한 저희를 위로하시고, 축복하소서.

올 한 해도 무사히 지나가게 하신 은혜, 감사합니다.
힘들고 고단한 시간이었지만,
여름과 가을을 지나, 겨울 문턱에 저희는 도달했습니다.
혼자인 듯 외로웠지만, 돌아보니 친구도, 가족도 곁에 있었습니다.

안개 속 풍경처럼 아직은 앞날이 뚜렷하지 않지만,
피조 세계에 머무는 동안,
자신이 소중한 존재라는 깨달음을 얻게 하시고,
그 깨달음이 지팡이가 되어,
안개 속 풍경같은 인생여정을 더듬거리며 헤쳐 나가게 하소서.

보이지 않는 손길로 늘 함께해 주신
예수님 이름으로 기도드립니다. 아멘.

서른.

자비이신 하나님,

저희는 세상에서 혼자인 듯 느낄 때가 있습니다.
친구도 가족도 저희 괴로운 심정을 몰라 주는 것만 같습니다.
심지어 하나님도 저희를 방치한 것이 아닌가,
어쩌면 하나님이 존재하지 않는 것 아닐까
회의하기도 합니다.
저희를 불쌍히 여기소서.

예기치 못한 곳에서 만났던 도움의 손길,
우연이라 여겼던 기적 같은 일,
단지 재수가 좋았다고 느꼈던 크고 작은 성취 가운데
숨은 채로 역사하신 하나님을 기억하게 하소서.
겨자씨보다 작은 믿음을 부끄러워하게 하시고,
저희를 눈동자처럼 지키시는 하나님을 고백하게 하소서.

예수 그리스도 이름으로 기도드립니다. 아멘.

서른하나.

세상 모든 곳에 계신 하나님,

피조 세계 온누리에 하나님의 아름다움이 가득합니다.

하나님은 한 곳에 묶여 계시지 않지만
저희는 오늘도 좁은 골목길 교회에 모여
하나님께 예배합니다.

이곳 교회에서 홀린 듯 세상을 쫓아가던
욕망의 질주를 멈추게 하시니 감사합니다.
저희로 깨어있는 의식 갖게 하소서.

교회에 모인 신앙의 친구들과는
경쟁을 멈추게 하시니 감사합니다.
주일에는 교회에서
새로운 세상을,
인간화된 관계를,
하나님 나라를 연습하게 하소서.

저희는 삭막한 일상에서도
기도의 언어를 잊지 않고 싶습니다.
세속적인 일상에서도 거룩함을 찾고 싶습니다.

일상을 살아가되
일상적인 것에 매몰되지 않게 하소서.

교회를 우상화하지 않되
교회에 머물기를 즐겨하게 하소서.
주님이 세우신 교회를
기도하는 집으로 가꾸어 가게 하소서.

그리스도 예수님 이름으로 기도드립니다. 아멘.

서른둘.

사랑이신 하나님,

추위가 코앞이고, 한 해의 마지막이 문 앞에 왔습니다.
어김없는 예배의 자리는 고마움을 일깨웁니다.
여기까지 이끌어 주신 하나님 은혜에 감사합니다.

바쁘게 지냈지만 손에 쥔 것도,
가슴에 남는 것도 없는 저희는 메마르기 그지없습니다.

역사의 흐름을 생각할 때 갈 길이 먼데
뒷걸음치는 게 아닌지 초조하기만 합니다.

평등과 정의가 만개한 봄꽃 같은 세상을 바라왔지만
몇 대를 걸쳐 쌓이고 쌓인 사회의 구습은
단숨에 물러가지 않고 있습니다.

안타까움에 발을 구르는 저희를 불쌍히 여기소서.

변화에 대한 기대는 저희에게
용기 있는 투신을 요구해 오지만
세상살이에 지친 저희는 축 늘어진 어깨로 비틀거립니다.
비틀거리는 저희를 긍휼히 여기소서.

하나님 나라는 가깝지만 멀고,
하나님 나라는 지금 여기에 있지만

아직 오지 않았음을 기억하게 하소서.
인간의 손으로 완성될 수 있는 나라가 아님도
잊지 않게 하소서.
천진난만하게, 어리석은 믿음으로
하나님 나라 고대하며 살게 하소서.

그리스도 예수님 이름으로 기도드립니다. 아멘.

서른셋.

처음과 끝이신 하나님,

어느덧 교회의 시간으로 마지막 주일을 맞습니다.
올 한 해 동행해 주셔서 감사합니다.

기쁨의 날도, 슬픔과 고통의 날도 손잡아 주셔서
여기까지 왔습니다.
한없이 가벼운 저희가 오만과 절망을 오갈 때
중심이 되어 주셔서 감사합니다.

하나님 앞에 오롯이 서면
저희는 인식의 한계를 고백할 수밖에 없습니다.
많이 배웠고,
여전히 지식을 갈망하여 높이 쌓아가지만
외려 편견의 벽이 두껍게 되는 건 아닌지 모르겠습니다.

저희를 불쌍히 여기소서.
저희에게 맑은 눈 주소서.
밝은 인식의 세계로 저희를 이끄소서.

사랑의 마음으로 전체를 읽어 내는 통찰의 힘 주소서.
'우리가 지금은 거울로 보는 것 같이 희미하나
그 때에는 얼굴과 얼굴을 대하여 볼 것이요,
지금은 내가 부분적으로 아나
그때에는 주께서 나를 아신 것 같이 내가 온전히 알리라.'

사도 바울의 기대가 저희의 기도 되게 하소서.

그리스도 예수님 이름으로 기도드립니다. 아멘.

서른 넷.

〈송구영신예배 참회의 기도〉

자비로우신 하나님,
이제 얼마 남지 않은 올해의 끝자락에서,
한 해를 되돌아보며,
하나님과 이웃 앞에서, 잘못한 일들을 참회하며 고백합니다.

생명의 근원이신 창조주 하나님,
인생은 유한하고 저희 존재는 늘 하나님께 속하여 있음을 고백합니다.

저희와 늘 동행하시며 언제나 보호해 주셨지만,
저희는 마치 하나님이 계시지 않은 것처럼
말하고 행동하고 살아왔음을 고백합니다.
주여, 저희를 불쌍히 여기소서.

겉모양은 번지르르한 신앙인의 모습을 갖춘 듯했지만,
속마음은 탐욕과 이기심으로 가득한
불신앙의 늪에서 살아왔음을 고백합니다.
주여, 저희를 불쌍히 여기소서.

우리 주 예수님을 본받아 이 세상에서 왕으로 살아야 하지만,
세상의 종으로 세상의 지배적인 흐름에 노예 노릇하며,
돈과 명예와 출세와 권력을 좇아 살아왔음을 고백합니다.
주여, 저희를 불쌍히 여기소서.

우리 주 예수님을 본받아
이 세상에서 중보의 제사장으로 살아야 하지만,
이웃을 위하여 기도하지 못하고 제대로 사랑하지 못하여,
오히려 많은 이들을 시험에 들게 하고,
그들을 하나님에게서 멀어지게 하는 죄를 범하며 살아왔음을
고백합니다.
주여, 저희를 불쌍히 여기소서.

우리 주 예수님을 본받아 이 세상에서 예언자로 살아가야 하지만,
불의를 보고도 눈을 감고 외면하거나, 불의한 세력과 타협하고,
예수님을 기준으로 '예'와 '아니오'를 분명히 하지 못하며,
대세를 거스르지 않으려고,
일신상의 안위만을 위하여 살아왔음을 고백합니다.
주여, 저희를 불쌍히 여기소서.

새해에는 하나님께 한 걸음 더 다가가는
성숙한 그리스도인이 되기를 원합니다.
성령께서 저희를 이끌어 주소서.

예수님 이름으로 기도드립니다. 아멘.

CLC 도서 안내

참 보기 드문 아름다운 사람
안선희 지음/신국판/228면

이화여자대학교 기독교학과 교수이며, 20년째 교목으로 일하면서 십여 년 전 발간한 기도집을 재발간하였다. 이 기도집을 통해 타성에 젖은 신앙인에게 새로운 언어로 기도할 수 있는 계기를 제공하며, 기독교에 귀의하지 않았으나 기도하고 싶은 사람에게 길잡이가 되어 준다.

예배, 해석학을 만나다
조이스 앤 짐머맨 지음/안선희 옮김/국판변형/200면

이 책은 해석학은 무엇인가, 예배를 어떻게 해석해야 하는가, 예배 해석에서 중요한 점은 무엇인가 등 해석학의 흐름부터 해석학이 예배와 예배 연구에서 어떻게 사용되는지에 대해 예배 해석학을 집중적으로 살펴보고, 여기에 대한 복잡하고 많은 내용을 간결하게 정리해 준다.

예배, 디지털 세상을 만나다
테레사 베르거 지음/안선희 옮김/신국판/328면

21세기 예배 형식이 끊임없이 변화되고 있는 가운데 테레사 베르거가 한국에 처음으로 소개하는 온라인 예배 전문서로서 '온라인 예배'라는 예배 행위를 제대로 평가하였다. 현재 오프라인과 온라인의 경계 사이를 오고 가는 현대 기독교인들에게 올바른 예배를 드릴 수 있도록 도움을 준다.